180 Keywords Wettbewerbsrecht

Springer Fachmedien Wiesbaden GmbH
(Hrsg.)

180 Keywords Wettbewerbsrecht

Grundwissen für Führungskräfte
und Unternehmer

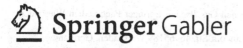 Springer Gabler

Hrsg.
Springer Fachmedien Wiesbaden GmbH
Wiesbaden, Deutschland

ISBN 978-3-658-23649-6   ISBN 978-3-658-23650-2   (eBook)
https://doi.org/10.1007/978-3-658-23650-2

Die Deutsche Nationalbibliothek verzeichnet diese Publikation in der Deutschen National-
bibliografie; detaillierte bibliografische Daten sind im Internet über http://dnb.d-nb.de abrufbar.

Springer Gabler

Springer Gabler ist ein Imprint der eingetragenen Gesellschaft Springer Fachmedien Wiesbaden
GmbH und ist ein Teil von Springer Nature
Die Anschrift der Gesellschaft ist: Abraham-Lincoln-Str. 46, 65189 Wiesbaden, Germany

Autorenverzeichnis

DR. DR. JÖRG BERWANGER
STEAG New Energies GmbH, Saarbrücken
Themengebiet: Handels- und Gesellschaftsrecht

DR. INGO MECKE
Bundeskartellamt, Bonn
Themengebiet: Wettbewerbsrecht

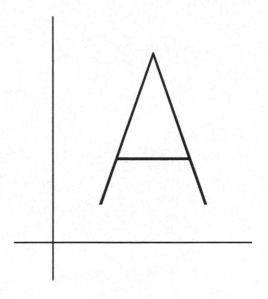

Abgestimmtes Verhalten

Alle Formen der Koordinierung des Marktverhaltens ohne rechtliche Verpflichtung gegenüber dem Partner, wodurch die Ungewissheit über das zukünftige Verhalten beseitigt wird; derartige Verhaltensweisen, die eine Verhinderung, Einschränkung oder Verfälschung des Wettbewerbs bezwecken oder bewirken, sind verboten (§ 1 GWB bzw. Art. 101 AEUV).

Absatzbindung

Absatzbindungen, die sich spürbar auf den Wettbewerb auswirken, unterfallen grundsätzlich dem Verbot des § 1 GWB und Art. 101 AEUV. Eine Gruppenfreistellung ist über die nach § 2 GWB anwendbare Vertikal-GVO bis zu einem Marktanteil des Lieferanten sowie des Abnehmers (Händlers) von jeweils 30 Prozent vorgesehen.

Absatzquote

Beim Quotenkartell die den einzelnen Kartellmitgliedern zugeteilte Verkaufsmenge.

Abstellungsverfügung

Verpflichtung von Unternehmen oder Unternehmensvereinigungen durch die Kartellbehörde im Verwaltungsverfahren, eine Zuwiderhandlung gegen eine Vorschrift des deutschen oder europäischen Kartellrechts abzustellen (§ 32 I GWB). Anders als im Bußgeldverfahren muss die Kartellbehörde dabei kein Verschulden des Unternehmens oder der Unternehmensvereinigung nachweisen. Die Kartellbehörde kann den Unternehmen oder Unternehmensvereinigungen alle verhaltensorientierten oder strukturellen Maßnahmen aufgeben, die für eine wirksame Abstellung der Zuwiderhandlung erforderlich und gegenüber dem festgestellten Verstoß verhältnismäßig sind (Möglichkeit zur positiven Tenorierung; § 32 II GWB).

Strukturelle Maßnahmen sind nur dann als verhältnismäßig zu betrachten, wenn keine verhaltensorientierten Maßnahmen gleicher Wirksamkeit zur Verfügung stehen oder Letztere im Vergleich zu strukturellen Maßnahmen die beteiligten Unternehmen stärker belasteten. Ferner kann

die Kartellbehörde in der Abstellungsverfügung eine Rückerstattung der aus dem kartellrechtswidrigen Verhalten erwirtschafteten Vorteile anordnen (§ 32 II a GWB). Die Kartellbehörde kann bei berechtigtem Interesse auch eine in der Vergangenheit liegende Zuwiderhandlung feststellen, nachdem diese beendet ist (§ 32 III GWB), beispielsweise um einer Wiederholung des Verstoßes durch Dritte vorzubeugen.

Weitere wesentliche Elemente des kartellrechtlichen Sanktionensystems sind neben Abstellungsverfügungen einstweilige Maßnahmen (§ 32a GWB), Verpflichtungszusagen (§ 32b GWB), Negativattest (§ 32c GWB), Entzug der Freistellung (§ 32d GWB), Sektoruntersuchung (§ 32e GWB), Beseitigungs- und Unterlassungsanspruch (§ 33 GWB) und Schadensersatzpflicht (§ 33a GWB) sowie Vorteilsabschöpfung (§§ 34, 34a GWB).

Abwägungsklausel

Wettbewerbsrechtliche Klausel (vgl. § 36 I Satz 2 Nr. 1 GWB), die für fusionierende Unternehmen die Möglichkeit schafft, einer drohenden Untersagung eines Zusammenschlusses zu entgehen. Voraussetzung ist, dass durch den Zusammenschluss auf einem anderen Markt Verbesserungen der Wettbewerbsbedingungen eintreten, die die Behinderung des Wettbewerbs auf dem durch den Zusammenschluss direkt betroffenen Markt überwiegen. Auf diesem Wege wird der Kartellbehörde in begrenztem Umfang eine Abwägung wettbewerblicher Vor- und Nachteile eines Zusammenschlusses ermöglicht.

Alleinbezug

1. *Begriff:* Verpflichtung des Käufers, die vertraglich bestimmten Waren oder Dienstleistungen während der Vertragslaufzeit nur beim Lieferanten zu beziehen.

2. *Wettbewerbsrechtliche Beurteilung:* Alleinbezugsverpflichtungen, die den Wettbewerb spürbar beschränken, unterfallen grundsätzlich dem Verbot des § 1 GWB und Art. 101 AEUV. Eine Gruppenfreistellung ist über die nach § 2 GWB anwendbare Vertikal-GVO bis zu einem Marktanteil des Lieferanten sowie des Abnehmers (Händlers) von jeweils 30 Prozent vorgesehen.

Alleinvertrieb

Exklusivvertrieb; Vertrieb des Absatzprogramms eines Herstellers oder eines bestimmten Teils dieses Programms in einem festgelegten Gebiet ausnahmslos über einen Abnehmer (Hersteller oder Händler), der sich verpflichtet, die Ware nur vom betreffenden Hersteller zu beziehen und nur an bestimmte Kunden in diesem Gebiet zu vertreiben.

Wettbewerbsrechtliche Beurteilung: Alleinvertriebsvereinbarungen unterfallen grundsätzlich dem Verbot des § 1 GWB und Art. 101 AEUV. Eine Gruppenfreistellung ist über die nach § 2 GWB anwendbare Vertikal-GVO bis zu einem Marktanteil des Lieferanten sowie des Abnehmers (Herstellers oder Händlers) von jeweils 30 Prozent vorgesehen.

Angebots- und Kalkulationsschematakartell

Kartell zur Vereinheitlichung der Leistungsbeschreibung und Preisaufgliederung bei Ausschreibungen, das nach § 5 IV GWB a.F. als Anmeldekartell vom Kartellverbot ausgenommen war. Diese Vorschrift ist als wettbewerbspolitisch entbehrlich mit der Sechsten GWB-Novelle zum 1.1.1999 gestrichen worden. Angebots- und Kalkulationsschemakartelle unterfallen seither dem Verbot des § 1 GWB und Art. 101 AEUV.

Antltrust-Bewegung

Bewegung, die sich gegen Machtkonzentration in der Wirtschaft richtet.

1. *Vereinigte Staaten von Amerika:* Ursprung der Anti-Trustbewegung 1873 mit dem Verbot der offenen Monopolbildung zum Schutze der Verbraucher. Eisenbahnen und Ölleitungen standen ab 1887 unter Kontrolle der erst 1995 aufgelösten Interstate Commerce Commission; Gas, Wasser, Kraftwerke, Straßenbahnen unterlagen Sonderbestimmungen, standen aber hinsichtlich der Gewinnbildung unter Kontrolle. 1890 wurde mit dem Sherman Act das erste Antitrust-Gesetz erlassen; 1914 durch Clayton Act and Federal Trade Commission Act ergänzt.

2. *Europa:* Schwächer als in den USA. In Deutschland 1923 Verordnung über den Missbrauch wirtschaftlicher Machtstellung (Kartellgesetz), betraf Kartelle der Industrie und des Handels. Die nach 1945 erlassenen alliierten Gesetze (Potsdamer Abkommen, US-MilRegGes. Nr. 56) zur De-

kartellierung und Entflechtung deutscher Konzerne und Kartelle wurden als Auswirkung einer Anti- Trustbewegung ausgegeben, richteten sich vielfach jedoch gegen Großunternehmungen ohne Prüfung ihres monopolistischen Charakters.

Antitrust-Gesetzgebung

Sammelbegriff für die amerik. Normen zum Kartellrecht: Sherman Act, Clayton Act, Federal Trade Commission Act.

Anwaltszwang

Notwendigkeit für die an einem gerichtlichen Verfahren, vor allem als Kläger oder Beklagte Beteiligten, sich durch einen Rechtsanwalt als Prozessbevollmächtigten vertreten zu lassen. In Verfahren mit Anwaltszwang kann nur der Rechtsanwalt wirksam Prozesshandlungen vornehmen, z. B. Klage erheben, Rechtsmittel einlegen oder Anträge stellen.

Anwaltszwang besteht:

(1) Im *Zivilprozess* müssen sich die Parteien beim Land- und Oberlandesgericht durch einen Rechtsanwalt , beim BGH durch einen beim BGH zugelassenen Rechtsanwalt vertreten lassen. Vor dem Familiengericht (Amtsgericht) müssen sich die Parteien und Beteiligten von einem Rechtsanwalt vertreten lassen (§ 114 FamFG). *Ausnahme* nur, wenn Prozesshandlungen zu Protokoll des Urkundsbeamten der Geschäftsstelle vorgenommen werden können, z. B. bei Arrest und Einstweiliger Verfügung, solange keine mündliche Verhandlung erforderlich wird, bei Erinnerung, im Verfahren zur Bewilligung von Prozesskostenhilfe, bisweilen bei der Beschwerde.

(2) Im *Strafprozess* im sogenannten Klageerzwingungsverfahren (§ 172 StPO). Dem Anwaltszwang ähnlich ist die *notwendige Verteidigung,* wenn gegen einen Angeklagten nur verhandelt werden darf, wenn er einen Verteidiger hat. Das liegt unter anderem vor bei allen Hauptverhandlungen im ersten Rechtszug vor dem Landgericht, bei einem Oberlandesgericht (OLG) oder beim Bundesgerichtshof (BGH), bei einer Anklage wegen eines Verbrechens oder bei schwieriger Sachverhaltsermittlung (vgl. dazu und zu weiteren Fällen im Einzelnen § 140 StPO).

(3) In *Kartellsachen* im Beschwerdeverfahren (§ 68 GWB) sowie im Rechtsbeschwerdeverfahren (§ 76 V GWB).

(4) Im *arbeitsgerichtlichen Verfahren* vor den höheren Gerichten: Arbeitsgerichtsbarkeit.

(5) In der *Verwaltungsgerichtsbarkeit* vor dem Bundesverwaltungsgericht (BVerwG) und dem Oberverwaltungsgericht (OVG), wobei in bestimmten Angelegenheiten (wie z. B. Abgabenangelegenheiten) vor dem OVG auch andere Personen zugelassen sind (im Beispiel Steuerberater und Wirtschaftsprüfer; § 67 VwGO).

(6) In der mündlichen Verhandlung vor dem *Bundesverfassungsgericht (BVerfG); § 22 BVerfGG.*

(7) In der *Sozialgerichtsbarkeit* besteht vor dem Bundessozialgericht (BSG) Vertretungszwang (§ 73 IV SGG) durch Rechtsanwälte und Rechtslehrer oder durch Gewerkschaften, Arbeitgebervereinigungen, Kriegsopferverbände oder andere Verbände (§ 73 II Nr. 5-9 SGG).

Anzeigepflicht

I. Handelsrecht

Die häufig erforderliche Melde- oder Rügepflicht, mit deren Unterlassen Rechtsnachteile verbunden sind. Besonders wichtig ist die Anzeigepflicht von Mängeln der Waren beim Handelskauf.

II. Steuerrecht

Verpflichtung, bestimmte für die Besteuerung erhebliche Sachverhalte der Finanzbehörde mitzuteilen. Eine Anzeigepflicht ist unter anderem vorgesehen:

(1) zur Erfassung von Körperschaften, Vereinigungen und Vermögensmassen (§ 137 AO);

(2) bei Eröffnung, Verlegung und Aufgabe eines Betriebs der Land- und Forstwirtschaft, eines gewerblichen Betriebes oder einer Betriebsstätte (§ 138 AO);

(3) bei Aufnahme, Verlegung und Aufgabe einer freiberuflichen Tätigkeit (§ 138 AO);

(4) bei Gründung und Erwerb von Betrieben und Betriebsstätten im Ausland (§ 138 II AO);

(5) bei Beteiligung an ausländischen Personengesellschaften und Erwerb von größeren Beteiligungen an ausländischen Kapitalgesellschaften (§ 138 II AO);

(6) für Betriebe, die verbrauchsteuerpflichtige Waren (z. B. Biersteuer, Sektsteuer, Mineralölsteuer) gewinnen oder herstellen bzw. bei denen besondere Verkehrsteuern (z. B. Versicherungsteuer, Feuerschutzsteuer) anfallen (§ 139 AO);

(7) bei unrichtiger oder unvollständiger Steuererklärung und falsch verwendeten Steuerzeichen und Steuerstemplern (§ 153 AO);

(8) bei Änderung bestimmter Lohnsteuerabzugsmerkmale zu Beginn bzw. im Laufe des Kalenderjahres (§§ 39 V, VII EStG);

(9) für Arbeitgeber, soweit der Arbeitgeber die vom Arbeitnehmer geschuldete Lohnsteuer nicht durch Zurückbehaltung von anderen Bezügen des Arbeitnehmers aufbringen kann und der Arbeitnehmer dem Arbeitgeber den entsprechenden Betrag nicht zur Verfügung stellt (§ 38 IV EStG) oder der Arbeitgeber von seiner Berechtigung zur nachträglichen Einbehaltung von Lohnsteuer keinen Gebrauch macht bzw. machen kann (§ 41c IV EStG);

(10) für Gerichte, Behörden, Beamte und Notare (§ 34 ErbStG, § 18 GrEStG), für bestimmte, an einen erbschaftsteuerpflichtigen Erwerb oder an einen unter das Grunderwerbsteuergesetz fallenden Vorgang beteiligte Personen (§ 30 ErbStG, § 19 GrEStG) sowie für Vermögensverwahrer, Vermögensverwalter und Versicherungsunternehmen (§ 33 ErbStG).

III. Versicherungswesen

1. Gemäß den Versicherungsbedingungen:

(1) *Begriff:* Obliegenheit des Versicherungsnehmers, dem Versicherer selbstständig Informationen über risikorelevante Umstände zur Verfügung zu stellen.

(2) *Merkmale:* Innerhalb seiner Versicherungsbedingungen kann der Versicherer bestimmte Anzeigepflichten fordern, denen zufolge der Antrag-

steller vor dem Abschluss eines Versicherungsvertrags (vorvertragliche Anzeigepflichten), bei Änderung der Gefahrumstände oder bei einer Wiederinkraftsetzung seines Versicherungsvertrags derzeitige und vergangene Risikoumstände wahrheitsgemäß angeben muss. Verschweigt der Antragsteller im Rahmen eines Versicherungsantrags risikoerhebliche Umstände, wird von einer Verletzung der Anzeigepflichten gesprochen. In diesem Fall kann das Versicherungsunternehmen bei Verschulden des Versicherungsnehmers vom Vertrag zurücktreten oder, wenn Kausalität zwischen den nicht angezeigten Risikoumständen und dem Eintritt des Versicherungsfalls vorliegt, die Versicherungsleistung kürzen oder entfallen lassen.

2. *Gemäß dem Aufsichtsrecht:*

(1) *Begriff:* Pflichten der Versicherer und Nichtversicherer (z. B. Inhaber einer bedeutenden Beteiligung an einem Versicherungsunternehmen oder Versicherungs-Holdinggesellschaften) zur Information der Aufsichtsbehörde. Die Anzeigepflichten der Versicherer sind eines der wichtigsten Aufsichtsmittel. Die große Bedeutung der Anzeigepflichten hat der Gesetzgeber durch die Sanktionsnorm des § 144 Ia Nr. 2 VAG unterstrichen.

(2) *Fälle:* Das Gesetz schreibt für eine Vielzahl von Fällen vor, welche Informationen die Versicherer unverzüglich zu liefern haben.

Beispiele:

a) Bestellung und Ausscheiden eines Geschäftsleiters, eines verantwortlichen Aktuars oder des Abschlussprüfers,

b) Wechsel des Inhabers einer bedeutenden Beteiligung,

c) Errichtung einer Niederlassung oder Aufnahme des Dienstleistungsverkehrs in Mitgliedsländern des Europäischen Wirtschaftsraums,

d) Grundsätze für die Berechnung der Prämien und Deckungsrückstellungen einschließlich der verwendeten Rechnungsgrundlagen in der Lebens- und Unfallversicherung mit Prämienrückgewähr,

e) in der substitutiven Krankenversicherung die beabsichtigte Verwendung neuer oder geänderter Grundsätze für die Berechnung der Prämien und mathematischen Rückstellungen einschließlich der verwendeten

Rechnungsgrundlagen,

f) die für Pflichtversicherungen und die substitutive Krankenversicherung beabsichtigte Verwendung allgemeiner Versicherungsbedingungen,

g) der Erwerb bestimmter Vermögensanlagen, wie Beteiligungen oder Anlagen in verbundenen Unternehmen.

IV. Kartellrecht

Zu Anzeigepflicht von Unternehmenszusammenschlüssen vgl. § 39 GWB.

Aufnahmezwang

Soweit die Aufnahme eines Unternehmens in eine Wirtschafts- und Berufsvereinigung oder Gütezeichengemeinschaft abgelehnt wird, kann die Kartellbehörde die Aufnahme dieses Unternehmens in die Vereinigung anordnen, wenn dies beantragt wird und die Ablehnung eine sachlich nicht gerechtfertigte ungleiche Behandlung darstellt und zu einer unbilligen Benachteiligung des Unternehmens im Wettbewerb führt (§ 20 V GWB); daneben Aufnahme auch unter den Voraussetzungen der §§ 19 I i.V.m. 19 II 1, 20 I GWB, falls die Wirtschafts- und Berufsvereinigung oder Gütezeichengemeinschaft auch als Anbieter oder Nachfrager von Waren tätig wird.

Ausbeutungsmissbrauch

Liegt vor, wenn ein marktbeherrschendes Unternehmen im Sinne der §§ 18, 19 GWB bzw. von Art. 102 AEUV seine Marktstellung gegenüber vor- bzw. nachgelagerten Wirtschaftsstufen dazu benutzt, um z.B. zu niedrige Einkaufspreise (Problem der sogenannten *Nachfragemacht* des Handels gegenüber der Industrie) oder monopolistisch überhöhte Verbraucherpreise (z.B. im Fall des Verhältnisses Industrie zu Endverbraucher) zu fordern. Im Rahmen der Missbrauchsaufsicht der Kartellbehörden kann ein derartiges Verhalten korrigiert werden, wobei der wettbewerbskonforme Als-ob-Preis in der Regel mithilfe sogenannter Vergleichsmärkte konkretisiert wird.

Probleme: Problematisch ist bei dieser korrigierenden Missbrauchsaufsicht, dass – ähnlich wie beim Behinderungsmissbrauch – die Ursache des Missbrauchs, d. h. die Existenz von Marktmacht, nicht beseitigt wird. Die Missbrauchsaufsicht ist insofern nicht ursachenadäquat. Dies wäre dagegen im Fall einer Entflechtung gegeben, die die Ursachen der Marktmacht beseitigt.

Ausgleichsfonds

I. Auf staatlicher Ebene

1. *Deutschland:* Sondervermögen des Bundes; auf staatlicher Ebene im Wege der Vorfinanzierung durch Kreditaufnahmen geschaffener Fonds mit dem Zweck, Ausgleichsleistungen an bestimmte, gesetzlich festgelegte Empfängergruppen (z. B. schwerbehinderte Menschen) in Form von Unterhaltshilfen, Hauptentschädigungen, Entschädigungsrenten und Aufbaudarlehen zu erbringen.

Finanzierung wird durch Zuschüsse des Bundes und der Länder, Verschuldungen auf dem Kreditmarkt und durch Kreditrückflüsse gewährleistet.

2. In *verschiedenen Ländern* (z. B. USA und Frankreich) existieren bzw. existierten von den Notenbanken unabhängige Ausgleichsfonds zur Regulierung der Devisenkurse (sogenannte Währungsausgleichsfonds).

II. Auf betrieblicher Ebene

Ausgleichskassen bei Konzernen und sonstigen Unternehmenszusammenschlüssen zur Regulierung von Gewinnen und Verlusten, die durch die Konzern- oder Kartellpolitik bei einzelnen Betrieben entstehen.

Ausschließlichkeitsbindung

1. *Begriff:* Ausschließlichkeitsbindungen enthalten Beschränkungen, andere Waren oder gewerbliche Leistungen von Dritten zu beziehen oder an diese abzugeben. Ausschließlichkeitsbindungen können positiv (Gebot des Bezuges ausschließlich beim Vertragspartner bzw. der Belieferung ausschließlich des Vertragsparners) oder negativ (Verbot einer Geschäftsbeziehung mit Dritten) formuliert sein.

2. *Wettbewerbsrechtliche Beurteilung:* Verträge mit Ausschließlichkeitsbindungen unterliegen bei hinreichender Spürbarkeit grundsätzlich dem Verbot des § 1 GWB bzw. des Art. 101 I AEUV, es sei denn, im konkreten Einzelfall sind nach § 2 GWB und Art. 101 III AEUV die Freistellungsvoraussetzungen der Vertikal-GVO erfüllt oder eine Einzelfreistellung möglich.

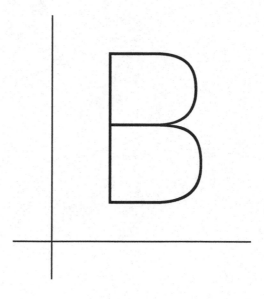

© Springer Fachmedien Wiesbaden GmbH, ein Teil von Springer Nature 2019
Springer Fachmedien Wiesbaden (Hrsg.), *180 Keywords Wettbewerbsrecht*,
https://doi.org/10.1007/978-3-658-23650-2_2

Beherrschungsvertrag

1. *Begriff:* Form des Unternehmensvertrags. Es handelt sich um einen Vertrag, durch den eine Aktiengesellschaft die Leitung ihrer Gesellschaft einem anderen Unternehmen unterstellt. *Kein* Beherrschungsvertrag liegt vor, wenn sich Unternehmen unter einheitliche Leitung stellen, ohne dass eines vom anderen abhängig wird (vgl. § 291 I und II AktG); in der Praxis anzutreffen ist die analoge Anwendung dieser Vorschriften auf andere Gesellschaftsformen, insbesondere auf GmbHs.

2. *Sondervorschriften:* §§ 304–318 AktG.

Behinderungsmissbrauch

Liegt vor, wenn ein marktbeherrschendes Unternehmen im Sinne der §§ 18, 19 GWB bzw. von Art. 102 AEUV die Wettbewerbsmöglichkeiten dritter Unternehmen wesentlich beeinträchtigt. Dabei wirft die Abgrenzung zwischen einem erwünschten dynamischen Unternehmerverhalten und einem Missbrauch erhebliche Abgrenzungs- und Beweiswürdigungsprobleme auf.

Problem: Ähnlich wie bei dem Ausbeutungsmissbrauch ist die Aufsicht über Behinderungsmissbrauch nicht ursachenadäquat, da die Marktmacht als Ursache für den Missbrauch durch eine von den Kartellbehörden erzwungene Korrektur des Marktverhaltens nicht beseitigt wird.

Betriebsoptima

Mikrookonomisch von der Kostenseite und von der Erlösseite bestimmte Grenzen. 1. Betriebsminimum (kurzfristige Preisuntergrenze): bei einem ertragsgesetzlichen Kostenverlauf der Schnittpunkt von Grenzkosten und variablen Stückkosten; 2. Betriebsoptimum (langfristige Preisuntergrenze): Intersektion von Grenzkostenkurve mit der Kurve der gesamten Stückkosten.

Bewirtschaftung

Staatliche Maßnahme; Zuteilung von verbrauchseinschränkenden Teilmengen bestimmter Güter, besonders in Mangelzeiten (Kriegswirtschaft) oder auch im Zusammenhang mit staatlicher Preispolitik, in der Regel durchgeführt als „Rationierung" mithilfe vielfältiger Bezugsschein- oder Kontingentierungsverfahren.

Bezugsbindung

1. *Begriff:* Form der Vertriebsbindung, bei der z. B. ein Händler gebunden wird, seine Waren nur bei einem bestimmten Lieferanten zu beziehen. Dadurch können Querlieferungs- oder Reimportverbote innerhalb von Vertriebsbindungssystemen überwacht werden.

Bezugsbindungen können auch *negativ formuliert* werden, indem dem Gebundenen untersagt wird, bei bestimmten Lieferanten zu beziehen oder bestimmte Waren (z. B. Konkurrenzprodukte) zu führen. Es liegt dann zugleich ein Wettbewerbsverbot vor.

2. *Wettbewerbsrechtliche Beurteilung:* Bezugsbindungen unterliegen dem Verbot des § 1 GWB und Art. 101 I AEUV. Freistellungsmöglichkeiten sind insbesondere in der Vertikal-GVO geregelt.

Big Business

1. *Begriff:* Amerikanische Bezeichnung für großbetriebliche Wirtschaftsform in Unternehmenszusammenschlüssen und Großunternehmungen. Big Business ist Gegenstand heftiger Auseinandersetzungen in Wirtschaft und Politik.

2. *Kritik wird vorgebracht:*

(1) wegen zu starker wirtschaftlicher und politischer Machtkonzentration,

(2) wegen der gesamtwirtschaftlich unerwünschten Vernichtung selbstständiger, mittelständischer Existenzen,

(3) wegen der unvermeidlichen Neigung zu Bürokratisierung und Unwirtschaftlichkeit (X-Ineffizienz),

(4) wegen der zwangsläufig erforderlichen stärkeren Beteiligung des Staates am Wirtschaftsleben zur Kontrolle der Machtstellung von Big Business und zur Unterstützung von Not leidenden Großbetrieben bei drohendem Zusammenbruch.

Bilaterales Oligopol

Zweiseitiges Oligopol. Marktform nach dem Ökonomen von Stackelberg mit jeweils einem Anbieter und Nachfrager.

Beispiele: Tarifverhandlungen auf dem Arbeitsmarkt.

Bundeskartellamt (BKartA)

Selbstständige Bundesoberbehörde im Geschäftsbereich des Bundesministers für Wirtschaft und Energie (BMWi); Sitz in Bonn gemäß § 51 I GWB.

Kartellbehörde des Bundes nach dem Kartellgesetz (§§ 51–53 GWB); ausschließlich für bestimmte Kartellsachen (z. B. Fusionskontrolle) zuständig (§ 48 II Satz 1 GWB), daneben auch für das Monitoring des Wettbewerbs auf den Strom- und Gasmärkten sowie an den Elektrizitäts- und Gasbörsen (§ 48 III GWB). Der Bundesminister für Wirtschaft und Energie kann dem Bundeskartellamt lediglich allgemeine Weisungen erteilen (zu veröffentlichen im Bundesanzeiger gemäß § 52 GWB).

Veröffentlichung: alle zwei Jahre Bericht über die Tätigkeit des Bundeskartellamts sowie über Lage und Entwicklung auf seinem Aufgabengebiet sowie Bericht über seine Monitoringtätigkeit (§ 53 GWB).

Bürgerliches Recht

I. Bürgerliches Recht im weiteren Sinne

Recht, das als Teil des Privatrechts die Rechtsbeziehungen der Privatpersonen (einschließlich der juristischen Personen) untereinander regelt. Zum Bürgerlichen Recht in diesem Sinn gehören auch das Handelsrecht und das Recht des gewerblichen Rechtsschutzes. Der *Gegensatz* ist das Öffentliche Recht.

II. Bürgerliches Recht im engeren Sinne

1. Im Bürgerlichen Gesetzbuch (BGB) und dessen Nebengesetzen geregeltes Recht. Ein Teil der wichtigsten Nebengesetze wurde mit dem Ge-

setz zur Modernisierung des Schuldrechts in das BGB integriert: das Verbraucherkreditgesetz (VerbrKrG), das Gesetz über den Widerruf von Haustürgeschäften und das Fernabsatzgesetz. Das Produkthaftungsgesetz, das Umwelthaftungsgesetz, die Verordnung über das Erbbaurecht, das Gesetz über Wohnungseigentum und das Einführungsgesetz zum Bürgerlichen Gesetzbuch (EGBGB) sind weiterhin außerhalb des BGB geregelt.

2. Die Regeln des Bürgerlichen Rechts im engeren Sinne gelten, soweit das Handelsrecht nichts anderes bestimmt, auch für *Kaufleute*. Zum Verständnis des Handelsrechts ist jedoch eine profunde Kenntnis des Bürgerlichen Rechts nötig, da das Handelsgesetzbuch (HGB) nicht eine abgeschlossene Regelung des für die Kaufleute und den kaufmännischen Gewerbebetrieb geltenden Rechts enthält, sondern nur ergänzende und abändernde Sondernormen.

So sind z. B. die Vorschriften des HGB über Handelsgeschäfte nur im Zusammenhang mit den Vorschriften des BGB über Rechtsgeschäfte und Verträge zu verstehen, die Vorschriften über den Handelskauf nur bei Berücksichtigung der Bestimmungen des BGB über den Kaufvertrag.

III. Bundes- und Landesrecht

Das Bürgerliche Recht gehört zur konkurrierenden Gesetzgebungskompetenz des *Bundes* (Art. 74 Nr. 1 GG).

IV. Bürgerliches Recht und öffentliches Recht

Früher scharf getrennte Gebiete. Zufolge des immer stärker werdenden staatlichen Einflusses auf das Privat- und Wirtschaftsleben ist das Bürgerliche Recht heute in erheblichem Maße von öffentlich-rechtlichen Elementen durchsetzt. Es sind gemischte Rechtsverhältnisse entstanden, die zum Teil nach Bürgerlichem, zum Teil nach öffentlichem Recht zu beurteilen sind (z. B. das Wohnraummietrecht in der sozialen Wohnraumförderung).

V. Bürgerliches Recht und Steuerrecht

Das Steuerrecht ist eine selbstständige Rechtsmaterie und gehört zum öffentlichen Recht, es ist daher vom Bürgerlichen Recht weitgehend un-

abhängig. Das Bürgerliche Recht hat im Steuerrecht nur Bedeutung, soweit sich das Steuerrecht ausdrücklich auf das Bürgerliche Recht bezieht,
z. B. bei den Fragen der Geschäftsfähigkeit oder der Vollmacht. Ferner
können Begriffe des Bürgerlichen Rechts im Steuerrecht verwendet werden, soweit das Steuerrecht diese Begriffe eindeutig übernommen hat,
wie z. B. bei der Grunderwerb-, der Kapitalverkehr- oder der Erbschaft-
steuer.

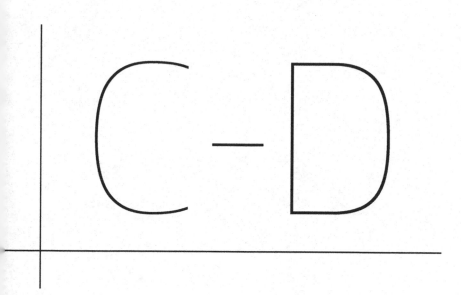

© Springer Fachmedien Wiesbaden GmbH, ein Teil von Springer Nature 2019
Springer Fachmedien Wiesbaden (Hrsg.), *180 Keywords Wettbewerbsrecht*,
https://doi.org/10.1007/978-3-658-23650-2_3

Chicago School

Ursprünglich nur mit dem Monetarismus (Friedman unter anderem) identifiziert, hat sie in den 1970er-Jahren auch zu wirtschaftspolitischen Fragen und Problemen der Antitrustpolitik Stellung bezogen. Das *polit-ökonomische Vorverständnis* der Chicago School lässt sich wie folgt charakterisieren:

(1) Verständnis des Marktgeschehens als eines freien Spiels der Kräfte ohne staatliche Eingriffe, in welchem die Gesündesten und Besten überleben (Stigler: „Survival of the Fittest", sogenannter *Sozial-Darwinismus*).

(2) Zurückdrängen des Einflusses des Staates, der nur – sehr eng umgrenzte – ordnungspolitische Rahmenbedingungen setzen soll: Die wirtschaftspolitische Abstinenz des Staates soll quasi automatisch zu einem paretooptimalen Zustand führen.

(3) Übertragung ökonomischen Denkens auf alle Lebensbereiche (z. B. „Economics of Marriage", „Economics of Crime").

(4) Liberal-konservatives Selbstverständnis der Vertreter der Chicago School, welches von ihren Gegnern als unternehmerfreundlich und gewerkschaftsfeindlich kritisiert wird.

In den 1980er-Jahren hatten unter Präsident Reagan die Lehren der Chicago School großen Einfluss auf die US-amerikanische Wirtschaftspolitik gewonnen (sogenannte *Reaganomics* als Ausdruck einer ausschließlich *angebotsorientierten Wirtschaftspolitik* und radikaler Abschwächung der Antitrustpolitik, besonders bei der Fusionskontrolle).

Clayton Act

1914 in Ergänzung zum Sherman Act verabschiedetes US-amerikanisches Antitrust-Gesetz mit dem Ziel, durch den Sherman Act nicht erfasste Wettbewerbsbeschränkungen zu verbieten und somit die Monopolisierung im Ansatz zu unterbinden (sogenanntes Incipiency Doctrine).

Inhalt:

(1) Verbot kartellrechtlicher Vereinbarungen, z. B. ausschließlicher Bezugsbindungen;

(2) Diskriminierungsverbot, 1936 durch den Robinson Patman Act verschärft;

(3) Fusionsverbot, 1950 durch den Celler Kefauver Act verschärft.

Dekartellierung

Zerschlagung; Auflösung wirtschaftlicher Unternehmenszusammenschlüsse, die auf Wettbewerbsbeschränkungen ausgerichtet sind.

Die 1945 durch das Potsdamer Abkommen eingeführte Dekartellierung sollte die übermäßige Konzentration der Wirtschaftsmacht, besonders durch Kartelle, Syndikate, Trusts und andere monopolistische Abreden vernichten.

Ziel der Dekartellierung war die Entflechtung, die vollständige Dezentralisierung der deutschen Industrie sowie die Verringerung ihrer Wettbewerbsfähigkeit auf den Weltmärkten.

Grundsatz der Dekartellierung war das Kartellverbot; es wurde jedoch durch eine „Rule of Reason" abgeschwächt. Der Verbotsgrundsatz wurde 1957 durch das Kartellgesetz übernommen.

Anders als in den USA (Antitrust) sieht das deutsche Kartellrecht zwar keine ausdrückliche Möglichkeit vor, bestehende Unternehmen zu zerschlagen. Jedoch hat der Gesetzgeber mit der Achten GWB-Novelle vom 1.1.2013 klargestellt, dass die von der Kartellbehörde zur wirksamen Abstellung von Zuwiderhandlungen festgelegten Abhilfemaßnahmen auch struktureller Art sein, d.h. wenn notwendig auch zu einer Entflechtung führen können (§ 32 II GWB). Eine konsequente Missbrauchsaufsicht über marktbeherrschende Unternehmen ist deshalb ebenso notwendig wie eine wirksame Fusionskontrolle im Sinne einer präventiven Strukturkontrolle.

Demarkationsvertrag

Abgrenzungsvertrag.

1. *Allgemein:* Vertrag, der die Interessengebiete zweier oder mehrerer nach den gleichen Zielen strebender Subjekte abgrenzt (z.B. beim Gebietskartell).

2. *Bei Energie- und Wasserversorgungsunternehmen:* Vertrag zwischen Versorgungsunternehmen zur Abgrenzung und Aufteilung von Versorgungsgebieten für leitungsgebundene Energie- und Wasserversorgung. Demarkationsverträge waren nach § 103 I GWB a.F. vom Kartellverbot freigestellt. Diese Freistellung ist im Rahmen der Sechsten Kartellnovelle zum 1.1.1999 zwecks wettbewerblicher Öffnung der Strom- und Gasversorgung großteils beseitigt worden. Im Bereich der Wasserversorgung sind bestimmte wettbewerbsbeschränkende Verträge hingegen weiterhin vom Verbot des § 1 GWB ausgenommen (vgl. § 31 GWB). Als Ausgleich unterliegen Wasserversorgungsunternehmen gemäß § 31 b GWB einer verschärften Missbrauchsaufsicht.

Deutsches Kartellrecht

1. Die *Geschichte des Deutschen Kartellrecht*s wird durch eine Grundsatzentscheidung des Reichsgerichts aus dem Jahr 1897 geprägt, wonach die Kartellbildung im Rahmen der Vertragsfreiheit allgemein als zulässig angesehen wurde, da sich das Recht auf Gewerbefreiheit nur gegen den Staat, nicht jedoch auch gegen private wirtschaftliche Machtbildung richte. Diese Entscheidung hatte zur Folge, dass das Deutsche Reich in den folgenden Jahrzehnten zum klassischen Land der Kartelle wurde. Abgesehen von einer Kartellenquête 1903–1905 kam es erst 1923 zur Verordnung gegen Missbrauch wirtschaftlicher Machtstellungen. Die Nationalsozialisten erließen am 15.7.1933 das sogenannte *Zwangskartellgesetz,* um ein Instrument zur Lenkung der Wirtschaft nach ihren Vorstellungen zu gewinnen.

Nach Teil III Art. 12 des Potsdamer Abkommens sollte die deutsche Wirtschaft in kürzester Zeit dezentralisiert werden, um die übermäßige Konzentration der deutschen Wirtschaftskraft aufgrund von Kartellen, Syndikaten, Trusts und anderen Monopolstellungen zu vernichten. Im Jahre 1947 erließen daher die amerikanischen, englischen und französischen Militärregierungen *Dekartellierungsgesetze* bzw. *-verordnungen,* die zwei Hauptziele verfolgten:

(1) Beseitigung der deutschen Wirtschaftsmacht und Rüstungskapazität (Entflechtung einzelner Wirtschaftssektoren als Ausdruck der politischen Zielsetzung);

(2) Durchsetzung des Prinzips der *Wettbewerbsfreiheit* in Deutschland (wirtschaftspolitische Zielsetzung in starker Anlehnung an die amerikanische Antitrustpolitik; Wettbewerbspolitik).

2. *Entstehungsgeschichte und Ziele des GWB:* Am 1.1.1958 ist das *Gesetz gegen Wettbewerbsbeschränkungen (GWB)* in Kraft getreten und hat die alliierten Dekartellierungsbestimmungen von 1947 abgelöst. Das GWB ist zum einen durch die ordnungspolitischen Vorstellungen des Ordoliberalismus, zum anderen durch das US-amerikanische Vorbild beeinflusst worden. Mittlerweile gehen die wohl stärksten Einflüsse auf die Weiterentwicklung des deutschen Kartellrechts vom europäischen Kartellrecht aus. Dies ist nicht zuletzt Ausdruck eines Harmonisierungsprozesses auf europäischer Ebene, von dem die Wettbewerbspolitik genauso wie auch andere Politikbereiche erfasst werden. Das Gesetz geht davon aus, dass die „Wettbewerbswirtschaft die ökonomischste und zugleich demokratischste Form der Wirtschaftsordnung" sei; insofern liegen dem GWB sowohl ökonomische als auch gesellschaftspolitische Zielfunktionen zugrunde.

Novellierungen: Das GWB ist seit 1958 mehrfach novelliert worden, vgl. z. B. das Änderungsgesetz vom 1.6.2017 (BGBl I 1416). Daneben gab und gibt es immer wieder kleinere Gesetzesänderungen, so etwa durch Art. 2 LXII des Gesetzes vom 22.12.2011 (BGBl I 3044).

3. *Grobsystematik des GWB:* Das deutsche Kartellrecht ruht im Wesentlichen auf den drei Säulen Durchsetzung des Kartellverbots (Kartellbekämpfung), Missbrauchsaufsicht über marktbeherrschende und marktstarke Unternehmen sowie Zusammenschlusskontrolle, deren Bedeutung wie folgt skizziert werden kann:

(1) Hauptaufgabe der Kartellbehörde im Rahmen der *Kartellbekämpfung* ist die Beseitigung horizontaler und vertikaler Wettbewerbsbeschränkungen als Resultate von Vereinbarungen zwischen Unternehmen, Beschlüssen von Unternehmenvereinigungen oder abgestimmtes Verhalten. Zu den typischen horizontalen Wettbewerbsbeschränkungen zählen Preis-, Mengen- und Gebietsabsprachen; auf vertikaler Ebene können sich insbesondere Preisbindungen sowie Ausschließlichkeitsbindungen wettbewerbsbeschränkend auswirken.

(2) Die kartellbehördliche *Missbrauchsaufsicht* bezweckt die Verhinderung bzw. Beendigung von Behinderungs- und Ausbeutungsmissbräuchen durch marktbeherrschende oder zumindest marktstarke Unternehmen.

(3) Im Rahmen der *Zusammenschlusskontrolle* prüft das Bundeskartellamt (BKartA) als zuständige Kartellbehörde, ob die beteiligten Unternehmen infolge des Zusammenschlusses (Unternehmenszusammenschluss) wettbewerblich nicht kontrollierbare Verhaltensspielräume erlangen, die zu einer erheblichen Behinderung wirksamen Wettbewerbs führen können. Das Bundeskartellamt kann die Freigabe dann mit entgegenwirkenden Auflagen und Bedingungen verknüpfen oder das Zusammenschlussvorhaben untersagen. Eine Anmelde- und Kontrollpflicht besteht jedoch nur, wenn die beteiligten Unternehmen bestimmte Umsatzschwellen erreichen.

(4) Daneben enthält das GWB unter anderem verfahrensrechtliche Regelungen, so zu Kartellverwaltungsverfahren, Bußgeldverfahren, Kartellzivilverfahren, zivilen Unterlassungs- und Schadensersatzansprüchen sowie Regelungen zum kartellrechtlichen Sanktionensystem.

4. *Verhältnis des deutschen zum europäischen Kartellrecht:*

a) *Durchsetzung des Kartellverbots:* Soweit Vereinbarungen zwischen Unternehmen, Beschlüsse von Unternehmensvereinigungen und aufeinander abgestimmte Verhaltensweisen geeignet sind, den Handel zwischen EU-Mitgliedsstaaten zu beeinträchtigen, ist Art. 101 I AEUV von der deutschen Kartellbehörde zwingend direkt anzuwenden. Nach § 22 I GWB kann die weitgehend korrespondierende Regelung des § 1 GWB dann parallel dazu angewandt werden. Dies darf gemäß § 22 II GWB jedoch nach deutschem Kartellrecht nicht zum Verbot einer Kartellvereinbarung führen, die bei Anwendung der entsprechenden europäischen Norm erlaubt wäre.

b) *Missbrauchsaufsicht:* Art. 102 AEUV ist von der nationalen Page 33 – Print-Date: 07/25/2018 – 15:21 Wettbewerbsbehörde unmittelbar anzuwenden, wenn durch die missbräuchliche Verhaltensweise eine Handelsbeeinträchtigung im Gemeinsamen Markt droht. Die vergleichbaren Regelungen im deutschen Kartellrecht (hier insbesondere §§ 19, 20 GWB) können nach § 22 III GWB parallel dazu angewandt werden. Zur

Unterbindung oder Ahndung entsprechender Verstöße können dabei nach nationalem Recht strengere Vorschriften erlassen werden als im europäischen Recht.

c) *Zusammenschlusskontrolle:* Die Beurteilung von Zusammenschlussvorhaben mit Inlandsauswirkung erfolgt stets entweder nach deutschem Kartellrecht durch das Bundeskartellamt oder nach europäischem Kartellrecht durch die Generaldirektion Wettbewerb der Europäischen Kommission. Bei welcher Wettbewerbsbehörde der Zusammenschluss anzumelden ist, hängt insbesondere vom Zusammenschlusstatbestand sowie von den absoluten Umsätzen und der regionalen Umsatzstruktur der beteiligten Unternehmen ab. Dabei sind unter bestimmten Voraussetzungen (Teil-)Verweisungen von der eigentlich zuständigen nationalen Wettbewerbsbehörde an die Europäische Kommission und umgekehrt möglich.

Diskriminierungsverbot

Verbot sachlich nicht gerechtfertigter ungleicher Behandlung (Diskriminierung) der von marktbeherrschenden und marktstarken Unternehmen abhängigen Unternehmen durch diese in einem Geschäftsverkehr, der gleichartigen Unternehmen üblicherweise zugänglich ist (§§ 19 II 1, 20 I 1 GWB). Ein allgemeines Diskriminierungsverbot würde die Vertragsfreiheit in zu hohem Maß einschränken, daher die Voraussetzungen (Marktbeherrschung oder relative Marktmacht).

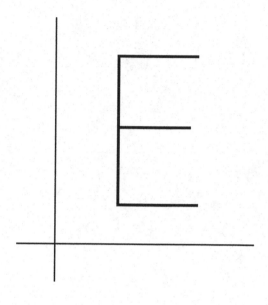

Economies of Scope

Verbundvorteile; wirtschaftliche Vorteile, die bei diversifizierten Unternehmen auftreten können, die auf verschiedenen Märkten tätig sind (Mehrprodukt-Unternehmung). Sie können in bestimmten Funktionsbereichen *synergetische Effekte* im Sinn von Kostenersparnissen erzielen, die sich daraus ergeben, dass z. B. die Kosten (K) für Forschung und Entwicklung (F&E) von zwei verschiedenen und getrennt herstellbaren Produkten a und b durch ein diversifiziertes Unternehmen günstiger sind als durch zwei Einprodukt-Unternehmen:

$$K(a, b) << K1(a) + K2(b).$$

Synergetische Effekte sind im Fall *reiner Konglomerate* besonders beim Einsatz von finanziellen, technologischen oder unternehmerischen Ressourcen möglich:

(1) Finanzierungsvorteile infolge des geringeren Insolvenzrisikos von Konglomeraten und damit niedrigere Fremdkapitalzinsen sowie erweiterter Kreditrahmen. Dabei unterscheidet man zwischen realen und pekuniären Kostenersparnissen; Letztere sind Ausdruck von Nachfragemacht und einer Einkommensumverteilung zugunsten des Konglomerats;

(2) Kostenersparnisse bei F&E im Fall verwandter Produktionen sowie sogenannte Abfallerfindungen; Ersparnisse von Such- und Informationskosten bei den Verwendungsmöglichkeiten von Erfindungen;

(3) Kostenersparnisse beim Einsatz des dispositiven Faktors durch gemeinsame Stabsabteilungen sowie bessere Ausnutzung der Führungsqualitäten des Managements für verschiedene Produkte.

Diesen Möglichkeiten der Erzielung von Kostenersparnissen steht allerdings die *Gefahr* von *Diseconomies of Scope* infolge der Bürokratie von Großunternehmen und der damit verbundenen mangelnden Motivation gegenüber. Die Chancen der Realisierung von Verbundvorteilen werden daher häufig überschätzt.

Economies of Scope sind Ursache für Unternehmenskonzentrationen.

Einkaufskartell

Einkaufskooperation, Beschaffungskartell. Soweit die mit einer Einkaufskooperation verbundene Nachfragebündelung und Koordination des
Nachfrageverhaltens der Beteiligten zu einer Wettbewerbsbeschränkung führen, könnte ein Verstoß gegen das Verbot des § 1 GWB und des
Art. 101 I AEUV vorliegen. Die Freistellungsfähigkeit von Einkaufskooperationen nach § 2 GWB und Art. 101 III AEUV ist insbesondere anhand
der „Leitlinien zur Anwendbarkeit von Art. 101 AEUV auf Vereinbarungen über horizontale Zusammenarbeit" der Europäischen Kommission
(ABl. C 11 vom 14.1.2011, S. 1) zu prüfen (s. dort, Rn. 194-224). Demnach
werden Einkaufskooperationen mit kumulierten Marktanteilen der Beteiligten auf den relevanten Beschaffungs- und Absatzmärkten von jeweils unter 15 Prozent als wettbewerblich unproblematisch erachtet. Bei
darüber liegenden Marktanteilen sind die aus der Kooperation entstehenden Leistungsgewinne sorgsam mit den beschränkenden Marktaus-
wirkungen abzuwägen. Hierfür geben die Leitlinien Beurteilungskriteri-
en vor.

Einstweilige Maßnahmen

Anordnung der Kartellbehörde im laufenden Kartellverwaltungsverfahren, um in dringenden Fällen bereits vor einer endgültigen Entscheidung
einen ernsten, nicht wieder gutzumachenden Schaden für den Wettbewerb abzuwenden (§ 32a GWB). Voraussetzung ist, dass die vorläufige
wettbewerbliche Beurteilung darauf schließen lässt, dass ein Verstoß
gegen das Kartell- oder Missbrauchsverbot vorliegt. Die Anordnung ist
auf maximal ein Jahr zu befristen. Als einstweilige Maßnahme kommen
zwar grundsätzlich dieselben Maßnahmen in Betracht wie bei einer Entscheidung nach § 32 GWB, jedoch dürften (zumeist irreversible) strukturelle Eingriffe in das betroffene Unternehmen zum Zwecke einer vorläufigen Sicherung nicht infrage kommen.

Empfehlung

I. Handels- und Gesellschaftsrecht/Zivilrecht

Auskunft, Preisempfehlung, Rat, Referenz.

II. Europäisches Gemeinschaftsrecht

Handlungsform der Europäischen Union. Eine Empfehlung auf Grundlage des AEUV ist ein Rechtsakt, mit welchem dem Adressaten ein bestimmtes Verhalten nahe gelegt wird, der aber nicht verbindlich ist. Gesetzlich geregelt in Art. 288 AEUV.

Enges Oligopol

Von E. Kantzenbach vorgestellte Marktform eines Oligopols mit einer geringen Anzahl an Anbietern und einer hohen (potenziellen) Wettbewerbsintensität. Die effektive Wettbewerbsintensität ist hingegen gering, da die Oligopolisten aufgrund der hohen Verhaltensinterdependenz zu wettbewerblichem Parallelverhalten oder sogar zu einer Verhaltensabstimmung neigen.

Entflechtung

1. *Begriff* aus dem Sprachgebrauch des alliierten Besatzungsrechts nach 1945: Maßnahmen zur Auflösung von Konzernen und sonstigen durch Unternehmenszusammenschluss entstandenen Machtgruppen im Industrie- und Kreditwesen, besonders des wettbewerbsfähigen Großbankensystems (Dekonzentration). Im Gegensatz zur Dekartellierung wurde bei der Entflechtung die rechtliche und wirtschaftliche Auseinandersetzung erforderlich.

2. *Durchführung:* Lösung der Eigentumsverbindungen:

a) durch Verbote

(1) personeller Verflechtung,

(2) der Inhaberaktien,

(3) des Depotstimmrechts;

b) durch Neugründung von Teilunternehmungen.

3. *Stand:* Das *Ergebnis* der Entflechtung ist durch neue Unternehmenszusammenschlüsse in verschiedenen Wirtschaftszweigen wieder beseitigt worden; z. B. im Bankwesen.

Entflechtungsmöglichkeiten forderte die Monopolkommission in ihrem Dritten Hauptgutachten für 1978 und 1979, um unvermeidbare Lücken bei der Kontrolle des Konzentrationsprozesses in Einzelfällen nachträglich korrigieren zu können. Art. 7 I der Verordnung (EG) Nr. 1/2003 des Rates vom 16.12.2002 zur Durchführung der in den Artikeln 81 und 82 des Vertrages niedergelegten Wettbewerbsregeln (ABl. EG 2003 Nr. L 1) sieht zur Abstellung von Zuwiderhandlungen gegen das Kartellverbot sowie gegen das Verbot des Missbrauchs einer marktbeherrschenden auch Abhilfemaßnahmen struktureller Art durch die Europäische Kommission vor. Dies kann auf eine Entflechtung hinauslaufen (z. B. Trennung von Gastransport und Gasvertrieb mittels ownership unbundling). Im deutschen Kartellrecht ist mittlerweile ebenfalls eine implizite Entflechtungsmöglichkeit angelegt (§ 32 II GWB).

Entzug der Freistellung

Befugnis der Kartellbehörde zum Entzug des Rechtsvorteils einer Gruppenfreistellungsverordnung für ein bestimmtes Gebiet im Inland, falls die Vereinbarung, der Beschluss einer Unternehmensvereinigung oder die aufeinander abgestimmte Verhaltensweise in diesem Gebiet die Freistellungsvoraussetzungen des § 2 I GWB bzw. des Art. 101 III AEUV nicht erfüllt (§ 32d GWB). Voraussetzung ist, dass das betreffende Gebiet einen gesonderten räumlichen Markt darstellt.

Erlaubniskartelle

Antragskartell. Sammelbegriff für Rationalisierungskartelle, Strukturkrisenkartelle, Ministerkartelle und sonstige Kartelle, für die die beteiligten Unternehmen bis zur Siebten GWB-Novelle vom 1.7.2005 bei der zuständigen Kartellbehörde eine Erlaubnis beantragen mussten. Die Kartellbehörde konnte die Vereinbarung anschließend durch Verfügung zeitlich befristet vom allgemeinen Kartellverbot des § 1 GWB freistellen. Die Erlaubnis konnte ein- oder mehrmalig verlängert sowie mit Bedingungen oder Auflagen verbunden werden. Seit der Siebten GWB-Novelle unterliegen die ehemaligen Erlaubniskartelle wie nahezu alle anderen Arten von Kartellen der Legalausnahme, d. h. sie gelten ohne gesonderten Antrag oder Anmeldung als zulässig, es sei denn, die Freistellungsvoraussetzungen des § 2 GWB bzw. Art. 101 III AEUV sind für sie nicht anwendbar.

Europäisches Kartellrecht

Die deutsche Wettbewerbsordnung wird heute nicht mehr allein durch das deutsche Recht bestimmt. Neben das deutsche Wettbewerbsrecht sind vielmehr durch die Art. 101 und 102 des Vertrages über die Arbeitsweise der Europäischen Union (AEUV) und die Europäische Fusionskontrollverordnung (Verordnung (EG) Nr. 139/2004 des Rates vom 20.1.2004 über die Kontrolle von Unternehmenszusammenschlüssen („EG-Fusionskontrollverordnung"); ABl. L 24 vom 29.1.2004, S. 1) Regelungen auf europäischer Ebene getreten.

Entstehungsgeschichte und Ziele: Aus dem sogenannten *Schumanplan* und der Idee einer europäischen Föderation entwickelte sich der Vertrag über die Gründung der Europäischen Gemeinschaft für Kohle und Stahl (EGKS), der 1952 in Kraft trat und 2002 nach 50 Jahren ausgelaufen ist. Wegen der krisenhaften Entwicklung auf dem Kohle- und Stahlmarkt waren die wettbewerbsrechtlichen Vorschriften des EGKS-Vertrages insgesamt wenig effektiv. 1957 wurden durch die *Römischen Verträge* die Europäische Wirtschaftsgemeinschaft (EWG) und die Europäische Atomgemeinschaft (EAG) gegründet. Danach verfolgte der EG-Vertrag mit seinen wettbewerbsrechtlichen Vorschriften vor allem das Ziel, einen gemeinsamen Markt für alle Waren und Leistungen zu errichten und die Wirtschaftspolitik der Mitgliedsstaaten schrittweise einander anzunähern (vgl. Art. 2 EGV). Der europäische Binnenmarkt trägt heute bewußt marktwirtschaftliche Züge, da er unter anderem durch die Errichtung eines Systems unverfälschten Wettbewerbs geschaffen wurde. Die Wettbewerbsregeln der Art. 101–106 AEUV schützen den zwischenstaatlichen Handel vor Beschränkungen und Behinderungen mittels eines *Kartell- und Machtmissbrauchsverbotes.*

Die *wettbewerbsrechtlichen Vorschriften* des AEUV bezwecken, den innereuropäischen Handel vor Beschränkungen und Behinderungen mittels Absprachen oder Machtmissbrauch zu schützen. Der Schutzzweck der Art. 101 und 102 AEUV geht daher primär dahin, den zwischenstaatlichen

Handel in der EU vor Beeinträchtigungen zu schützen, die für die Verwirklichung der Ziele eines einheitlichen Marktes nachteilig sind, wenn z. B. Handelsschranken errichtet oder verfestigt und die gewollte gegenseitige Durchdringung der Märkte erschwert werden.

Exportkartell

1. *Begriff:* Zusammenschluss von Unternehmen (Kartell), wobei zwischen den Partnern für einzelne Auslandsmärkte oder Ländergruppen konkrete vertragliche Vereinbarungen im Hinblick auf Absatzquoten, Grundpreis und einzuräumende Konditionen (einschließlich Rabatte und Boni bzw. Rückvergütungen sowie Provisionen) bestehen. Häufig mit der zusätzlichen Verpflichtung verbunden, die Exporte ausschließlich oder teilweise über das Exportkartell zu tätigen. Es kann sich um Partner aus dem eigenen Wirtschaftsgebiet oder/und aus Drittländern handeln, die auf diese Art einen bestimmten Auslandsmarkt bzw. eine Ländergruppe erschließen oder die dortigen Absatzmöglichkeiten stabilisieren bzw. verbessern wollen.

Abgrenzung zur Exportgemeinschaft: Konstituierende Unterschiede zwischen Exportgemeinschaft und Exportkartellen liegen in der sortimentspolitischen Ausrichtung und den hieraus zwangsläufig ableitbaren wettbewerbspolitischen Konsequenzen:

(1) Die von den einzelnen Mitgliedern hergestellten und vertriebenen Produkte stehen in substitutiver Beziehung zueinander, während bei der Exportgemeinschaft die Schwerpunkte auf Komplementarität, Sortimentsbreite und -tiefe liegen;

(2) Bestehen von Verträgen.

2. *Wettbewerbsrechtliche Beurteilung:* Exportkartelle sind seit der Sechsten GWB-Novelle nicht mehr legalisierbar (Verstoß gegen § 1 GWB und Art. 101 I AEUV), jedoch gemäß § 185 II GWB zulässig, wenn sich die vereinbarten Wettbewerbsbeschränkungen weder unmittelbar noch mittelbar im Geltungsbereich des GWB auswirken.

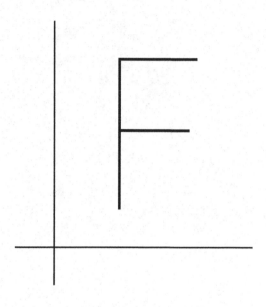

© Springer Fachmedien Wiesbaden GmbH, ein Teil von Springer Nature 2019
Springer Fachmedien Wiesbaden (Hrsg.), *180 Keywords Wettbewerbsrecht*,
https://doi.org/10.1007/978-3-658-23650-2_5

Federal Trade Commission (FTC)

1914 gemäß Federal Trade Commission Act errichtete amerikanische Kartellbehörde; Sitz in Washington, D.C. Neben der Antitrust Division des Justizministers für die Einhaltung des Wettbewerbsrechts zuständig (Bureau of Competition); daneben Durchsetzung der Vorschriften über den unlauteren Wettbewerb (Sec. 5(a) FTC Act – Bureau of Consumer Protection) und wirtschaftspolitische Beratung des Kongresses (Bureau of Economics).

Federal Trade Commission Act

US-amerikanisches Gesetz von 1914 zur Errichtung einer Kartellbehörde mit Aufgaben in der Antitrust-Gesetzgebung.

Finanzierungsgemeinschaft

Zwischenbetriebliche Kooperation rechtlich selbstständiger Unternehmungen zur Finanzierung (Finanzierungspooling).

Motive:

(1) Vorbereitung eines Unternehmenszusammenschlusses in Form des Trusts oder Konzerns;

(2) Erzielung von Größenvorteilen bei der Finanzierung.

Finanzkraft

Merkmal, das zusammen mit anderen Merkmalen eine überragende Marktstellung im Sinne des § 18 I Nr. 3 GWB begründen kann (Marktbeherrschung). Die Finanzkraft eines Unternehmens wird in der Fusionskontrolle regelmäßig anhand des Gesamtumsatzes, des Cashflows oder des Gewinns beurteilt.

Franchise

Franchising. Im Rahmen von Franchise-Vereinbarungen wird die wirtschaftliche Handlungsfreiheit der beteiligten Parteien zumeist stark beschränkt, beispielsweise im Hinblick auf Alleinbezugsverpflichtungen des Franchise-Nehmers oder Vorkehrungen zum Schutz der Rechte des

Franchise-Gebers an gewerblichem oder geistigem Eigentum. Insofern diese Regelungen zur Sicherung der Durchführung des Franchise-Vertrages erforderlich sind (notwendige Nebenabrede), liegt in der Regel dennoch kein Verstoß gegen § 1 GWB und Art. 101 I AEUV vor. Soweit die Bestimmungen zum Kartellverbot im Einzelfall überhaupt auf die Franchise-Vereinbarung anwendbar sind, ergeben sich die Freistellungsmöglichkeiten für Vertriebs-, Dienstleistungs- und Verbundgruppenfranchising aus der Vertikal-GVO und für Produktionsfranchising aus der GVO für Technologietransfer-Vereinbarungen.

Freigestellte Vereinbarungen

Freistellung vom Kartellverbot des § 1 GWB für Vereinbarungen von Unternehmen, Beschlüsse von Unternehmensvereinigungen oder aufeinander abgestimmte Verhaltensweisen (§ 2 I GWB). Dies hat folgende Voraussetzungen:

(1) angemessene Beteiligung der Verbraucher am entstehenden Gewinn,

(2) Beitrag zur Verbesserung der Warenerzeugung oder -verteilung oder zur Förderung des technischen oder wirtschaftlichen Fortschritts,

(3) keine Auferlegung nicht unerlässlicher Beschränkungen der beteiligten Unternehmen,

(4) keine Eröffnung von Möglichkeiten, für einen wesentlichen Teil der betreffenden Waren den Wettbewerb auszuschalten. Diese Regelung ist das Pendant zum Art. 101 III AEUV, der von der Kartellbehörde alternativ direkt angewandt werden kann. Zur Beurteilung, ob eine freigestellte Vereinbarung vorliegt, kann daher ohne Weiteres auf die diversen Verordnungen des Rates oder der Europäischen Kommission zur Anwendung des Art. 101 III AEUV zurückgegriffen werden, darunter insbesondere auf die verschiedenen Gruppenfreistellungsverordnungen.

Frühstückskartell

Kartellrechtliche Vereinbarung in Form mündlicher Absprachen (Kartell). Nach § 1 GWB und Art. 101 I AEUV verboten.

Fusion

1. *Allgemein:* Unternehmenszusammenschluss.

2. *Handels- und Steuerrecht:* Verschmelzung.

3. *Kartellrecht:* Zusammenschlusskontrolle, Europäisches Kartellrecht.

© Springer Fachmedien Wiesbaden GmbH, ein Teil von Springer Nature 2019
Springer Fachmedien Wiesbaden (Hrsg.), *180 Keywords Wettbewerbsrecht*,
https://doi.org/10.1007/978-3-658-23650-2_6

Gebietskartell

Kartell, meist in Form einer befristeten Vereinbarung selbstständiger Unternehmen über die Aufteilung ihrer Absatzgebiete im Interesse der Ersparung von Transport- und Werbungskosten. Gebietskartelle verstoßen potenziell gegen § 1 GWB und Art. 101 I AEUV. Eine Gebietsaufteilung ist allenfalls für solche Austauschverträge legalisierbar, deren Abschluss ohne eine entsprechende Klausel nicht zumutbar ist (*Beispiel:* Ein Auftraggeber verbietet seinem Subunternehmer, der zugleich Wettbewerber auf dem relevanten Markt ist, dem von ihm im Auftrag bedienten Kunden eigene Angebote zu machen, d.h. dem Auftraggeber abzuwerben).

Geheimhaltungspflicht

Für Angehörige der Kartellbehörde und Personen, die mit einer Prüfung von Unternehmen betraut werden, ist die *Geheimhaltungspflicht* nicht mehr in § 46 GWB geregelt, es gilt vielmehr die allgemeine Geheimhaltungsvorschrift des § 203 II StGB sowie für Beamte die Regelung des § 67 BBG und der entsprechenden Landesbeamtengesetze. Geheimhaltung ist außerdem geregelt in Art. 28 II der Verordnung (EG) Nr. 1/2003 des Rates vom 16.12.2002 zur Durchführung der in den Art. 81 und 82 des Vertrages niedergelegten Wettbewerbsregeln (ABl. EG 2003 Nr. L 1).

Gentlemen's Agreement

Frühstückskartelle; Vereinbarung auf Treu und Glauben.

1. *Allgemein:* Eine auf die guten Sitten vertrauende, deshalb schriftlich nicht näher fixierte Abmachung zwischen zwei oder mehreren Partnern. Die Erklärungen werden ohne Rechtsfolgewillen abgegeben, weil der erstrebte Erfolg im Vertrauen auf das Wort des Partners oder mithilfe einer Bindung an den Anstand erreicht werden soll.

2. *Kartellrecht:* Kartellrechtliche Vereinbarung in Form von Absprachen, deren Beachtung außerrechtlichen Normen überlassen wird. Nach § 1 GWB und Art. 101 I AEUV unzulässig (Verbot von abgestimmten Verhaltensweisen). Der Nachweis solcher Praktiken ist allerdings oftmals problematisch.

Gruppenfreistellungsverordnungen

GVOen; gemäß Art. 103 I AEUV grundsätzlich erlassen vom Rat (Ministerrat) auf Vorschlag der Europäischen Kommission und nach Anhörung des Europäischen Parlaments. Mittels einer Reihe von Ermächtigungsverordnungen hat der Rat die Regelungskompetenz in bestimmten Sachbereichen an die Kommission delegiert. Sie soll jedoch von ihrer Kompetenz für bestimmte Regelungsbereiche erst dann Gebrauch machen, wenn sie durch Einzelentscheidungen ausreichend Erfahrungen auf dem betreffenden Sachgebiet gesammelt hat.

Die Europäische Kommission ist gemäß Art. 101 III AEUV nicht nur befugt, Einzelfreistellungen für bestimmte Vereinbarungen, Beschlüsse oder abgestimmte Verhaltensweisen zu gewähren, sondern auch Freistellungen für Gruppen von Vereinbarungen. Erfüllt eine Vereinbarung die Voraussetzungen einer Gruppenfreistellungsverordnung, ist die Vereinbarung vom Kartellverbot des Art. 101 I AEUV freigestellt. „Gruppen" sind in diesem Sinne Vereinbarungen, denen gemeinsame oder vergleichbare Tatbestände zugrunde liegen und die bei einer Gesamtschau aller relevanten Interessenlagen einer typisierenden Beurteilung zugänglich sind. GVOen enthalten abstrakt-generelle Normen für bestimmte Vertragstypen, für die die Voraussetzungen des Art. 101 III AEUV konkretisiert werden. Im neuen System der Legalausnahme dienen die GVOen der Rechtssicherheit, denn sie erleichtern die Selbsteinschätzung der an einer Vereinbarung beteiligten Unternehmen, ob ihre Vereinbarung überhaupt legalisierungsfähig ist. Im alten System der Administrativausnahme führten Gruppenfreistellungsverordnungen dazu, dass viele darunter fallende Vereinbarungen erst gar nicht bei der Europäischen Kommission zur Genehmigung angemeldet wurden (Reduzierung des Verwaltungsaufwandes bei den beteiligten Unternehmen und bei der Europäischen Kommission).

Folgende Gruppenfreistellungsverordnungen liegen derzeit vor:

(1) Verordnung (EU) Nr. 330/2010 der Kommission vom 20.4.2010 über die Anwendung von Art. 101 III des Vertrages über die Arbeitsweise der

Europäischen Union auf Gruppen von vertikalen Vereinbarungen und aufeinander abgestimmte Verhaltensweisen (ABl. L 102, S. 1);

(2) Verordnung (EU) Nr. 461/2010 der Kommission vom 27.5.2010 über die Anwendung von Art. 101 III des Vertrages über die Arbeitsweise der Europäischen Union auf Gruppen von vertikalen Vereinbarungen und aufeinander abgestimmten Verhaltensweisen im Kraftfahrzeugsektor (ABl. L 129, S. 52);

(3) Verordnung (EG) Nr. 316/2014 der Kommission vom 21.3.2014 über die Anwendung von Art. 101 III des Vertrages über die Arbeitsweise der Europäischen Union auf Gruppen von Technologietransfer-Vereinbarungen (ABl. L 93, S. 17);

(4) Verordnung (EU) Nr. 1218/2010 der Kommission vom 14.12.2010 über die Anwendung von Art. 101 III des Vertrages über die Arbeitsweise der Europäischen Union auf bestimmte Gruppen von Spezialisierungsvereinbarungen (ABl. L 335, S. 43);

(5) Verordnung (EU) Nr. 1217/2010 der Kommission vom 14.12.2010 über die Anwendung von Art. 101 III des Vertrages über die Arbeitsweise der Europäischen Union auf bestimmte Gruppen von Vereinbarungen über Forschung und Entwicklung (F&E) (ABl. L 335, S. 36);

(6) Verordnung (EU) Nr. 267/2010 der Kommission über die Anwendung von Art. 101 III des Vertrages über die Arbeitsweise der Europäischen Union auf Gruppen von Vereinbarungen, Beschlüssen und abgestimmten Verhaltensweisen im Versicherungssektor (ABl. L 83, S. 1);

(7) Verordnung (EG) Nr. 246/2009 des Rates vom 26.2.2009 über die Anwendung des Art. 81 III EG auf bestimmte Gruppen von Vereinbarungen, Beschlüssen und aufeinander abgestimmten Verhaltensweisen zwischen Seeschifffahrtsunternehmen (Konsortien; ABl. L 79, S. 1);

(8) Verordnung (EG) Nr. 487/2009 des Rates vom 25.5.2009 zur Anwendung des Art. 81 III des Vertrages auf bestimmte Gruppen von Vereinbarungen und abgestimmte Verhaltensweisen im Luftverkehr (ABl. L 148, S. 1).

Die Gruppenfreistellungsverordnungen sind jeweils zeitlich befristet und werden regelmäßig einer Revision unterzogen. Art. 101 AEUV und die ihn begleitenden Gruppenfreistellungsverordnungen sind mittlerweile unmittelbar in jedem Mitgliedsstaat anzuwenden, so auch in Deutschland (vgl. §§ 2 II, 22 GWB). Damit ist die Einheitlichkeit der Anwendung des Gemeinschaftsrechts innerhalb der EU gewährleistet.

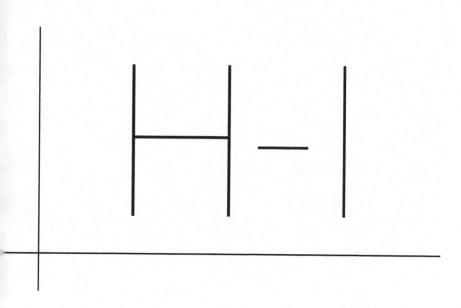

Hart-Scott-Rodino Act

Bestandteil der Antitrust-Gesetzgebung der USA. Durch den im Jahr 1976 verabschiedeten „Hart-Scott-Rodino Antitrust Improvements Act" wurde ein neuer Section 7 A in den Clayton Act aufgenommen. Seither sind bestimmte wirtschaftlich bedeutendere Zusammenschlüsse vor dem Vollzug bei der Federal Trade Commission (FTC) und dem Department of Justice (DOJ) anzumelden. Anschließend führt die zuständige Behörde innerhalb einer sogenannte Warteperiode von 15-30 Tagen eine fusionskontrollrechtliche Prüfung des Zusammenschlussvorhabens durch.

Herrschendes Unternehmen

Begriff des Konzernrechts für ein Unternehmen, das auf ein anderes, abhängiges Unternehmen unmittelbar oder mittelbar einen beherrschenden Einfluss ausüben kann (§ 17 I AktG). Eine Abhängigkeit ist insbesondere dann zu vermuten, wenn das herrschende Unternehmen mehrheitlich an dem beherrschten Unternehmen beteiligt ist (§ 17 II AktG).

Horizontale Unternehmenskonzentration

Unternehmen derselben Produktion (Wertschöpfungskette) auf derselben Produktionsstufe schließen sich zusammen.

Horizontale Wettbewerbsbeschränkung

Wettbewerbsbeschränkung auf einer Produktionsstufe.

Beispiele: Behinderung der Konkurrenten beim Zugang zu Netzen oder bei Beziehungen zu den Lieferanten.

Importkartell

Kartell, bei dem eine Einkaufsgemeinschaft zum Import von ausländischen Gütern gebildet wird. Seit der Sechsten GWB-Novelle nicht mehr legalisierbar (Verstoß gegen § 1 GWB und Art. 101 I AEUV).

Industrieökonomik

Theory of Industrial Organization.

1. *Begriff:* Eine von der Theorie geleitete empirische Forschung zur Organisation und Struktur der Industrie im weiteren Sinne Im Mittelpunkt der Industrieökonomik steht die Frage, ob das bei der Herstellung von Gütern und Dienstleistungen erzielte Ergebnis für die gesellschaftliche Wohlfahrt zufriedenstellend ist.

Industrieökonomik – Ansätze

	Marktstruktur	Marktverhalten	Marktergebnis
Bain (1968)	1. Anbieterkonzentrationsgrad 2. Nachfragerkonzentrationsgrad 3. Grad der Produktdifferenzierung 4. Eintrittsbedingungen	1. Festsetzung von Preisen und Mengen der Anbieter 2. Festsetzung von Vertriebskosten und Produktpolitik 3. „Predatory and Exclusionary Tactics" 4. Nachfrageverhalten	1. technische Effizienz der Produktion 2. Preis/Grenzkosten der Produktion 3. Output/möglichen Output bei Preis gleich Grenzkosten 4. Verkaufsförderungs-/Produktionskosten 5. Produkteigenschaften 6. Fortschritt
Caves (1972)	1. Anbieterkonzentration 2. Produktdifferenzierung 3. Marktschranken 4. Wachstumsrate der Marktnachfrage 5. Preiselastizität der Nachfrage 6. Nachfragekonzentration	1. Politik der Preisfestsetzung 2. Politik der Qualitätsbestimmung 3. Politik der Markträumung	1. Vollbeschäftigung und Preisstabilität 2. Fortschritt, Forschung und Innovation 3. Effizienz (Profit Rates, Efficient Scale of Production, Sales Promotion and Product Changes)
Koch (1974)	1. „Industry"-Reife 2. öffentliche Regulierung 3. Produktdifferenzierung 4. Anbieter- u. Nachfragekonzentration 5. Eintrittsbarrieren 6. Kostenstrukturen 7. vertikale Integration 8. Diversifikation 9. „Scale Economies"	1. Kollusion 2. Preisstrategie 3. Produktstrategie 4. Anpassung an Wechsel 5. Forschung und Innovation 6. Werbung 7. „Legal Tactics"	1. Output 2. Outputwachstum 3. technologischer Fortschritt 4. Beschäftigung 5. allokative Effizienz 6. „Cross-Efficiency" 7. Einkommensverteilung

Shepherd (1979)	1. Marktanteil
	2. Konzentration
	3. Eintrittsbarrieren
	4. vertikale Modelle
	5. andere
	  – Lebenszyklen
	  – Wachstum
	  – Zufallsprozesse
	  – Regierungspolitik
		1. Preisverhalten
		  – gemeinsame Gewinnmaximierung
		  – Preisdiskriminierung
		2. Marktausschluss
			1. Preis-Kosten-Modelle
			2. Effizienz: statisch und dynamisch
			3. Einkommensverteilung
			4. „Content"

Scherer (1980)	1. „Economics of Scale" 2. Fusionisten und Konzentration 3. Regierungspolitik 4. stochastische Determinanten	1. Preisverhalten 2. Produktstrategie und Werbung 3. technologische Innovation 4. „Plant Investment" 5. „Legal Tactics"	1. Produktions- und allokative Effizienz 2. Fortschritt 3. Vollbeschäftigung 4. Einkommensverteilung

2. *Ausgangspunkt* ist das „*Structure-Conduct-Performance-Paradigma*": Es besagt, dass sich das Ergebnis einer „Industry" (Branche) durch die Struktur und das Verhalten der Unternehmen in ihr erklären lässt. Die Struktur beinhaltet die Rahmenbedingungen, die die Unternehmen einer „Industry" in ihren Entscheidungen beachten müssen. Im Rahmen dieser Gegebenheiten besteht für die „Industry" ein gewisser Handlungsraum, der das erreichbare Ergebnis festlegt. Dieser stochastische Zusammenhang wird in neueren Beiträgen zur Industrieökonomik abgewandelt, indem retrograd auch von einer Einflussnahme des Ergebnisses auf das Verhalten und auch die Struktur ausgegangen wird.

3. *Ansätze:* Vgl. Abbildung „Industrieökonomik – Ansätze".

4. *Anwendung:*

a) Ursprünglich wurde die Industrieökonomik in der Regierungspolitik und in der Rechtsprechung genutzt. Struktur und Verhalten sind Ansatzpunkte für die Wirtschafts- und Wettbewerbspolitik. Sie sind auch Kriterien für die Beurteilung der Marktmacht und deren Auswirkung auf das Ergebnis in der Antitrust-Gesetzgebung und -Rechtsprechung.

b) Aktuell erfährt die Industrieökonomik aus dem Bereich der Wettbewerbskonzepte innerhalb eines strategischen Managements neue Impulse (Analyse des Unternehmerverhaltens mithilfe spieltheoretischer Ansätze).

Integration

Herstellung einer Einheit oder Eingliederung in ein größeres Ganzes.

Wirtschaftlicher oder rechtlicher Zusammenschluss mehrerer Unternehmen. Integration und Unternehmenskonzentration werden häufig synonym verwendet.

Arten:

(1) Horizontale Integration: Zusammenschluss von Unternehmen derselben Produktionsstufe;

(2) Vertikale Integration: Zusammenschluss von Unternehmen unterschiedlicher, durch Angebots- und Nachfragebeziehungen verbundener Produktionsstufen.

Internationale Wettbewerbsfähigkeit

1. *Begriff:* Internationale Wettbewerbsfähigkeit ist dann gegeben, wenn Unternehmen ihre Produkte auf ausländischen Märkten zu Preisen absetzen können, die die entstandenen Kosten decken und zudem noch eine angemessene Rendite erbringen *(Preis-Wettbewerbsfähigkeit)*. Da auch nichtpreisliche Aktionsparameter – wie Produktqualität, Zeitpunkt und Zuverlässigkeit der Lieferung sowie Finanzierungsbedingungen – für den Absatzerfolg maßgeblich sind, muss der Begriff der Preis-Wettbewerbsfähigkeit um den der *Nicht-Preis-Wettbewerbsfähigkeit* erweitert werden. Der Begriff der internationalen Wettbewerbsfähigkeit ist dabei unternehmensbezogen zu interpretieren. Die internationale Wettbewerbsfähigkeit eines Landes ergibt sich demnach aus der Aggregation der Wettbewerbsfähigkeit der Unternehmen des betreffenden Landes.

2. Die *Einflussgrößen der internationalen Wettbewerbsfähigkeit* sind teils unternehmensgrößenabhängig, teils unternehmensgrößenunabhängig.

a) Als von der *Unternehmensgröße abhängige Einflussgrößen* sind die Strategievariablen eines Unternehmens im Wettbewerb (Preis- und Nicht-Preis- Aktionsparameter) zu betrachten. Dementsprechend unterscheidet Porter in seiner internationalen Studie (The Competitive Advantage of Nations, London 1990) idealtypisch zwischen zwei Strategien, mit denen ein Unternehmen im *dynamischen Wettbewerbsprozess* Vorteile erringen kann. Ein Unternehmen kann entweder versuchen, bekannte Produkte durch Ausnutzen von Massenproduktionsvorteilen effizienter zu produzieren (Economies of Scale) oder durch neue Produkte sowie durch die *Differenzierung* schon am Markt eingeführter Produkte die heterogenen Nachfragerpräferenzen besser zu befriedigen und auf diesem Wege höhere Preise durchzusetzen. Dabei ist es nach Porter vor allem die zweite Strategie, die einem Unternehmen langfristige *Wettbewerbsvorteile* sichert, da Kostenvorteile in der Produktion von der Konkurrenz schnell aufgeholt werden; zudem ist die Existenz von Economies of Scale im Ausmaß begrenzt.

b) Zu den von der *Unternehmensgröße unabhängigen Einflussgrößen* gehören alle Maßnahmen, mit denen die Wirtschaftspolitik auf die Attraktivität eines Industriestandortes Einfluss nimmt, wenn diese Entscheidungen sich auf die Kosten- und Erlösseite eines international tätigen Unternehmens auswirken. Folgende *Politikmaßnahmen* sind dabei von besonderer Relevanz: die Geld- und Währungspolitik sowie ihre Orientierung an dem Ziel der Preisniveaustabilität, die Wettbewerbs- und Handelspolitik, die Sozial-, Tarif-, Umweltschutz-, Energie-, Bildungs-, Industrie- und Steuerpolitik sowie der Ausbau und Zustand der Verkehrs- und Kommunikationswege. Von diesen wirtschaftspolitischen Maßnahmen sind alle Unternehmen – unternehmensgrößen*unabhängig* – gleichermaßen betroffen.

c) M. Porter hat in seiner empirischen Studie im Rahmen eines internationalen Vergleiches *vier Determinanten internationaler Wettbewerbsvorteile* herausgearbeitet: die *örtlichen Standortbedingungen* wie Infrastruktur, Lohnniveau, Ausbildungs- und Technologiestandard sowie Charaktereigenschaften der Mitarbeiter (Fleiß, Präzision, Intuition); die *Nachfragebedingungen* auf dem Heimatmarkt, d. h. die Preis- und Qualitätsansprüche der heimischen Kunden als Antriebsmotor, um im Ausland notwendige Wettbewerbsvorsprünge zu erzielen; die *Intensität des heimischen Wettbewerbs,* der die Innovationskraft der Unternehmen ständig anregt und Anstrengungen im internationalen Wettbewerb fördert; die Existenz von *international wettbewerbsfähigen Zulieferindustrien* und artverwandten Industriezweigen, aus denen wichtige Kuppelressourcen wie Mitarbeiter, Patente und Materialien abgeschöpft werden können.

d) *Folgerung:* Die internationalen Wettbewerbsvorteile eines Unternehmens resultieren aus mehreren der empirisch ermittelten Determinanten. Damit hängt die internationale Wettbewerbsfähigkeit neben der Leistungsfähigkeit eines Unternehmens – gemessen an der Produktivität – von Einflussfaktoren ab, die primär mit seiner relativen oder absoluten Größe nichts zu tun haben. Die Frage eines eventuellen Zielkonfliktes zwischen der Sicherung wirksamen Wettbewerbs in der Bundesrepublik Deutschland und einer Verbesserung der internationalen Wettbewerbsfähigkeit deutscher Unternehmen hat sich daher bei der Fusionskontrolle im Rahmen sogenannter Ministerfusionen im Sinne von § 42 GWB nur selten gestellt.

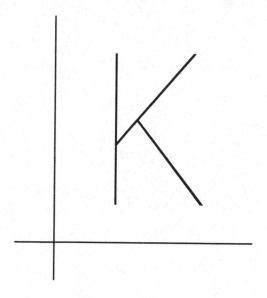

© Springer Fachmedien Wiesbaden GmbH, ein Teil von Springer Nature 2019
Springer Fachmedien Wiesbaden (Hrsg.), *180 Keywords Wettbewerbsrecht*,
https://doi.org/10.1007/978-3-658-23650-2_8

Kartell

1. *Begriff:* Gemäß Legaldefinition in § 1 GWB und Art. 101 I AEUV Vereinbarungen zwischen Unternehmen, Beschlüsse von Unternehmensvereinigungen und aufeinander abgestimmte Verhaltensweisen, die eine Verhinderung, Einschränkung oder Verfälschung des Wettbewerbs bezwecken oder bewirken. Kartelle, die zu einer spürbaren Wettbewerbsbeschränkung führen, sind grundsätzlich verboten. Ob im Einzelfall eine Freistellung vom Kartellverbot vorliegt, ist nach § 2 GWB und Art. 101 III AEUV zu beurteilen (Deutsches Kartellrecht, Europäisches Kartellrecht).

2. *Arten:*

(1) Frühstückskartell,

(2) Gentlemen's Agreement,

(3) abgestimmte Verhaltensweisen,

(4) Preiskartell,

(5) Quotenkartell,

(6) Syndikat,

(7) Normen- und Typenkartell,

(8) Angebots und Kalkulationsschematakartell,

(9) Exportkartell,

(10) Konditionenkartell,

(11) Rabattkartell,

(12) Spezialisierungskartell,

(13) Einkaufskartell.

3. *Steuerliche Behandlung:* Legale Kartelle unterliegen je nach Rechtsform der Einkommensteuer oder der Körperschaftsteuer sowie der Gewerbesteuer, und zwar nach den allgemeinen Regeln.

Kartellbehörden

Kartellbehörden sind gemäß § 48 I GWB das Bundeskartellamt (BKartA), das Bundesministerium für Wirtschaft und Energie (BMWi) sowie die nach Landesrecht zuständigen obersten Landesbehörden. Die Zuständigkeit des BMWi erschöpft sich dabei auf das Erteilen einer Ministererlaubnis nach § 42 GWB. Das Bundeskartellamt ist exklusiv für die Zusammenschlusskontrolle zuständig und übt darüber hinaus die Kartell- und Missbrauchsaufsicht in solchen Fällen aus, in denen das missbräuchliche Verhalten oder die wettbewerbsbeschränkende Wirkung einer Absprache über das Gebiet eines Bundeslandes hinausreicht. In allen anderen Fällen ist die jeweilige Landeskartellbehörde zuständig (§ 48 II GWB).

Kartellrechtliche Ausnahmebereiche

Ausnahmen vom Kartellverbot für Unternehmen und Verbände der Landwirtschaft einschließlich Fischerei (§ 28 GWB), für bestimmte Verträge der Wasserwirtschaft (§ 31 GWB), für forstwirtschaftliche Erzeugervereinigungen und ähnliche Zusammenschlüsse der Forstwirtschaft (§ 40 BWaldG) sowie für vertikale Preisbindungen bei Zeitungen und Zeitschriften, das Presse-Grosso und die verlagswirtschaftliche Zusammenarbeit (§ 30 GWB).

Kartellverbot

Verbot von Kartellen (§ 1 GWB und Art. 101 I AEUV).

Mögliche Sanktionen bzw. Rechtsfolgen bei Verstößen:

(1) kartellbehördliche Abstellungsverfügung gemäß § 32 GWB;

(2) Verhängung eines Bußgeldes bis zu 10 Prozent des Umsatzes des Unternehmens bzw. der Unternehmensvereinigung gemäß § 81 II und IV GWB;

(3) Mehrerlösabschöpfung durch die Kartellbehörde gemäß § 34 GWB oder durch klagebefugte Verbände gemäß § 34a GWB;

(4) zivilrechtliche Nichtigkeit der Vereinbarungen und Beschlüsse gemäß § 1 GWB i.V. mit § 134 BGB;

(5) Geltendmachung von Unterlassungs- und Schadenersatzansprüchen durch die Betroffenen oder deren Interessenvertreter (§ 33 GWB).

Ausnahmen vom Kartellverbot sind insbesondere in § 2 GWB und Art. 101 III AEUV geregelt, ferner in § 3 GWB (Mittelstandskartelle). Daneben gibt es diverse branchenspezifische kartellrechtliche Ausnahmebereiche.

Kartellverwaltungsverfahren

Verfahren, das die Kartellbehörde von Amts wegen oder auf Antrag einleitet (§ 54 I GWB). In negativer Abgrenzung handelt es sich dabei um alle Verfahren, bei denen es sich weder um Bußgeldverfahren (§§ 81–86 GWB) noch um bürgerliche Rechtsstreitigkeiten (Kartellzivilverfahren, §§ 87-89 GWB) handelt. Tätigkeiten, die nicht auf den Erlass einer Verfügung gerichtet sind, gehören nicht zu den Kartellverwaltungsverfahren. Darunter fällt die informierende Tätigkeit der Kartellbehörde wie z. B. die Herausgabe von Bekanntmachungen zu bestimmten wettbewerblichen Themen. Eine förmliche Einleitung des Kartellverwaltungsverfahrens ist nicht erforderlich. Ein Antragsrecht für Dritte zur Verfahrenseinleitung besteht nur dort, wo das Gesetz dies ausdrücklich vorsieht (so im Falle der Ministererlaubnis nach § 42 I S. 1 GWB oder der Verfahrensbeiladung nach § 54 II Nr. 3 GWB). Verfahrensbeteiligt sind Betroffene, Beigeladene sowie etwaige Antragsteller. In Fusionskontrollverfahren ist bei einem Vermögens- oder Anteilserwerb neben dem Erwerber und dem erworbenen Unternehmen auch der Veräußerer verfahrensbeteiligt (§ 54 II GWB). An Verfahren der Landeskartellbehörden ist auch das Bundeskartellamt beteiligt (§ 54 III GWB).

Kartellzivilverfahren

Bürgerliche Rechtsstreitigkeiten, die die Anwendung des GWB, der Art. 101, 102 AEUV oder der Art. 53, 54 des Abkommens über den Europäischen Wirtschaftsraum betreffen. Für Kartellzivilverfahren sind ohne Rücksicht auf den Wert des Streitgegenstandes die Landgerichte ausschließlich zuständig (§ 87 GWB). Das Bundeskartellamt (BKartA) ist über alle Kartellzivilverfahren zu unterrichten und hat dabei umfangreiche Informations- und Beteiligungsrechte (§ 90 GWB).

Know-how-Vereinbarungen

Vom Kartellverbot freigestellt durch die Technologietransfer-Gruppen-freistellungsverordnung (Verordnung (EU) Nr. 316/2014 der Kommission vom 21.3.2014 über die Anwendung von Art. 101 III des Vertrages über die Arbeitsweise der Europäischen Union auf Gruppen von Technologietransfer- Vereinbarungen; ABl. L 93 vom 28.3.2014, S. 17). Die Technologietransfer-GVO betrifft neben Know-how-Lizenzvereinbarungen auch Patentlizenzvereinbarungen zwischen zwei Unternehmen, die diesen die Produktion der Vertragsprodukte oder Dienstleistungen ermöglichen.

Vereinbarungen dieser oder ähnlicher Art, die nicht ausdrücklich verboten sind, sind vom Verbot des Art. 101 I AEUV freigestellt, sofern die festgelegten Marktanteilsschwellen nicht überschritten werden. Sie liegen bei 20 Prozent für Vereinbarungen zwischen Wettbewerbern und bei 30 Prozent für Vereinbarungen zwischen Nicht-Wettbewerbern. Bei Wettbewerbern wird dabei auf den gemeinsamen Marktanteil abgestellt, während bei Nicht-Wettbewerbern die individuellen Marktanteile der beteiligten Unternehmen betrachtet werden. Außerhalb des durch die Marktanteilsschwellen geschützten Bereichs ist eine Einzelfallprüfung nach Art. 101 III AEUV auf Grundlage der Technologietransfer-Leitlinien notwendig, die die Technologietransfer-GVO insoweit ergänzt.

Kollektivmonopol

Bildung eines Monopols durch ein marktbeherrschendes Kartell.

Konditionenkartell

Kartell zur Regelung allgemeiner Geschäfts-, Lieferungs- und Zahlungsbedingungen. Nach § 1 GWB und Art. 101 I AEUV grundsätzlich verboten. Bei der Prüfung, ob ein bestimmtes Konditionenkartell im Einzelfall nach § 2 GWB und Art. 101 III AEUV von diesem Verbot ausgenommen ist, sind maßgeblich die „Leitlinien zur Anwendbarkeit von Art. 101 des Vertrages über die Arbeitsweise der Europäischen Union auf Vereinbarungen über horizontale Zusammenarbeit" (ABl. C 11 vom 14.1.2011, S. 1) heranzuziehen.

Konsumentensouveränität

Leitbild der Wettbewerbspolitik. Konsumentensouveränität versteht den Konsumenten als vollständig informiertes und rational handelndes Wirtschaftssubjekt. Ziel der Wettbewerbspolitik ist demnach, die Informationen zu verbessern und die Bedingungen der vollkommenen Konkurrenz herzustellen.

Das Leitbild Produzentensouveränität geht davon aus, dass Produzenten ihre Souveränität durch manipulierende Werbung und Beschränkungen des Wettbewerbs bestimmen. Die Wettbewerbspolitik sollte konsequent durch Missbrauchsaufsicht über marktbeherrschende Unternehmen vorgehen.

Die sogenannte freie Konsumwahl ist eine zwischen der Konsumentensouveränität und der Produzentensouveränität liegende Vorstellung.

Kontrahierungszwang

I. Recht

Abschlusszwang; gesetzliche Pflicht zum Abschluss eines Vertrages, bei dem unter Umständen auch der Inhalt festgelegt ist (z. B. für Eisenbahn, Post, Energieversorgungsunternehmen); Ausnahme von der Vertragsfreiheit. Kontrahierungszwang wird allgemein dann bejaht, wenn eine öffentliche Versorgungsaufgabe (sogenannte Daseinsvorsorge) besteht. Über die §§ 19 I i.V.m. 19 II Nr. 1, 20 I oder V GWB ebenfalls Kontrahierungszwang möglich, soweit das fragliche Unternehmen Normadressat ist und eine unbillige Behinderung oder eine Ungleichbehandlung ohne sachlich gerechtfertigten Grund anzunehmen ist. Erforderlich ist eine umfassende Interessenabwägung im Einzelfall.

II. Versicherungswirtschaft

Annahmepflicht.

1. *Begriff:* Pflicht des Versicherungsnehmerns zur Inanspruchnahme von Versicherungsschutz bzw. des Versicherers zur Annahme von Versicherungsanträgen, durch die die grundsätzlich geltende Abschlussfreiheit der Vertragsparteien eingeschränkt wird.

2. *Merkmale und Anwendungsbereiche*: Der Kontrahierungszwang begründet eine gesetzlich geregelte Verpflichtung des Risikoträgers auf Inanspruchnahme einer Versicherungsdeckung meist zum Schutz des Drittgeschädigten (der Risikoträger wird damit zum Versicherungsnehmer) und/oder eine gesetzlich geregelte Verpflichtung des Versicherers auf Annahme von Versicherungsanträgen zum Schutz des Versicherungsinteressenten sowie gegebenenfalls ebenso des Drittgeschädigten. Anwendungsbereiche sind beispielsweise die Kfz-Haftpflichtversicherung und die Krankenversicherung.

3. *Kontrahierungszwang in der Kfz-Haftpflichtversicherung*: Seitens des Kfz-Halters und damit des Risikoträgers besteht einerseits die Pflicht und andererseits ein einklagbarer Anspruch gegenüber dem von ihm gewählten Versicherer auf Abschluss eines Versicherungsvertrags in der Kfz-Haftpflichtversicherung; der betreffende Versicherer hat insofern einen Kontrahierungszwang. Nach § 5 PflVG darf ein Versicherungsantrag nur in Ausnahmefällen innerhalb von zwei Wochen nach Eingang abgelehnt werden; sonst gilt er als angenommen (Annahmefiktion). Solche Ausnahmefälle liegen beispielsweise vor, wenn der Geschäftsplan des Unternehmens die Annahme des Vertrags nicht zulässt, bei Kündigung des Vorvertrags wegen arglistiger Täuschung oder wegen Nichtzahlung der Prämie.

4. *Kontrahierungszwang in der Gesetzlichen Krankenversicherung (GKV)*: Insbesondere Arbeitnehmer, aber auch weitere gesetzlich definierte Personengruppen unterliegen der Versicherungspflicht in der GKV. Die gesetzlichen Krankenkassen sind zur Aufnahme neuer Versicherter generell unabhängig von deren Alter, Gesundheitszustand oder Einkommen verpflichtet.

5. *Kontrahierungszwang in der privaten Krankenversicherung (PKV)*: Angesichts des privatrechtlichen Grundsatzes der Vertragsfreiheit gilt in der PKV der Kontrahierungszwang nur eingeschränkt. Eine rechtliche Verpflichtung der Versicherungsunternehmen zur Annahme eines Vertrags gibt es in folgenden Fällen:

a) Bei Neugeborenen von Eltern mit PKV-Schutz (Kindernachversicherung): Der Versicherungsschutz des Neugeborenen beginnt ohne Wartezeit und ohne Gesundheitsprüfung unmittelbar nach der Geburt, wenn das Kind spätestens zwei Monate nach der Geburt beim Versicherer angemeldet wird (§ 198 VVG).

b) Dauernd im Zuge der Öffnung der PKV für Beamtenanfänger: Beamtenanfänger sowie deren Familienangehörige werden nicht aus Risikogründen abgelehnt, und Risikozuschläge werden auf maximal 30 % begrenzt.

c) Zum erleichterten Wechsel in die PKV für GKV-versicherte Beamte: Kein GKV-versicherter Beamter wird aus Risikogründen abgelehnt und Risikozuschläge werden auf maximal 30 % des tariflichen Betrags begrenzt.

d) Zur Aufnahme in die private Pflegepflichtversicherung (§ 110 III SGB XI).

e) Bei zurückkehrenden Nichtversicherten, die der PKV zuzuordnen sind, seit dem 1.7.2007 im modifizierten Standardtarif (§ 315 SGB V).

f) Im Basistarif seit dem 1.1.2009 für versicherungsberechtigte Personen gemäß dem GKV Wettbewerbsstärkungsgesetz (GKV-WSG).

g) Bei Angestellten: nicht alle, aber zahlreiche Unternehmen der PKV haben sich ab 2013 in freiwilligen Selbsterklärungen dazu bekannt, Angestellte nach Ende der Versicherungspflicht in der GKV nicht aus Risikogründen abzulehnen.

III. Health Care Management

Die Krankenkassen der gesetzlichen Krankenversicherung unterliegen dem Kontrahierungszwang. Demnach sind sie dazu verpflichtet, neue Mitglieder unabhängig von deren Alter, Gesundheitszustand und ihrer finanziellen Leistungsfähigkeit aufzunehmen. In der privaten Krankenversicherung galt der Kontrahierungszwang bis Ende 2008, mit Ausnahme einiger bestimmter Gruppenversicherungsverträge, nicht. Seit dem 1.1.2009 müssen allerdings auch die privaten Krankenversicherer eine Grundversicherung mittels eines Basistarifes anbieten. Für diesen Tarif gilt der Kontrahierungszwang. Unmittelbar verbunden mit dem Kontrahierungszwang ist der Risikostrukturausgleich. Durch den Kontrahierungszwang können die Krankenkassen die bei ihnen Versicherten und damit auch das versicherte Risiko nicht beeinflussen. Dies führt zu ungleichen Belastungen und Risikostrukturen unter den Versicherungen. Mithilfe des Risikostrukturausgleichs sollen die Unterschiede ausgeglichen werden.

Konzentration

Konzentration bedeutet im statistischen Sinne die Vereinigung eines hohen Anteils der Merkmalsausprägungen auf eine relativ geringe Anzahl der Merkmalsträger; wirtschaftspolitisch wird darunter die Ballung ökonomischer Größen, einschließlich der Verfügungsmacht verstanden.

Beispiele für Ballungen ökonomischer Größen sind: die *Einkommens- oder Vermögenskonzentration* bei den Haushalten (Verteilung), die *Betriebs- bzw. Unternehmenskonzentration* oder die *Konzentration der Verfügungsmacht* in den Händen von Entscheidungsträgern.

Konzentrationsmessung

Eine Möglichkeit der Konzentrationsmessung ist der Gini-Koeffizient. Dieser wird verstanden als Ausmaß der Abweichung von der Gleichverteilung, bei der x Prozent der Merkmalsträger über x Prozent der Merkmalsausprägungen verfügen. Ein weiteres Konzentrationsmaß ist der Herfindal- Hirshman-Index (HHI), den die Generaldirektion Wettbewerb der Europäischen Kommission neben der herkömmlichen Marktanteilsbetrachtung bei ihrer wettbewerblichen Analyse von Zusammenschlussvorhaben heranzieht. Der HHI beschreibt die Summe der quadrierten Marktanteile der verschiedenen Anbieter auf dem relevanten Markt.

Konzessionsvertrag

Vertrag, durch den eine Gebietskörperschaft einem Versorgungs- oder Verkehrsunternehmen das ausschließliche Recht einräumt, die Einwohner mit Strom, Gas, Wasser oder Verkehrsleistungen zu versorgen und dabei erlaubt, öffentliche Straßen, Plätze etc. für die Verlegung der Verkehrswege bzw. Versorgungsleitungen zu benutzen. Im Zuge der Deregulierung bzw. Liberalisierung der Strom- und Gasversorgung wurde das durch den Konzessionsvertrag bisher gewährte Exklusivrecht der Versorgung aufgehoben und durch ein einfaches Wegerecht ersetzt.

Kooperation

Zwischenbetriebliche Kooperation.

I. Begriff

Zusammenarbeit zwischen meist wenigen, rechtlich und wirtschaftlich
selbstständigen Unternehmungen zur Steigerung der gemeinsamen
Wettbewerbsfähigkeit.

Intensitätsstufen der Zusammenarbeit:

(1) Informationsaustausch;

(2) Erfahrungsaustausch;

(3) Absprachen;

(4) Gemeinschaftsarbeiten ohne Ausgliederung einer (mehrerer) Unter-
nehmensfunktion(en);

(5) Gemeinschaftsarbeiten mit Ausgliederung einer (mehrerer) Unter-
nehmensfunktion(en);

(6) Gütergemeinschaft;

(7) Bildung eines Kooperationsmanagements;

(8) Gemeinschaftsgründung;

(9) rechtliche Ausgliederung des Kooperationsmanagements.

Die Intensitätsstufen (7) und (9) beziehen sich auf die gesamte Koopera-
tionsinstitution und deren Organisationsgrad, die restlichen Intensitätsstufen auf die Art und Weise der Kooperationsbeziehungen.

II. Formen

1. Nach den *beteiligten Wirtschaftsstufen:*

a) *Horizontale Kooperation:* Zusammenarbeit zwischen Wettbewerbern
der gleichen Wirtschaftsstufe, die gleichartige oder eng substituierbare
Güter anbieten, z. B. zwischen Herstellern von Haushaltsgeräten oder
zwischen Lebensmittel-Einzelhändlern. Die Horizontal-Kooperation kann
die gesamte Branche (Branchen-Kooperation) oder nur wenige Unternehmen eines Wirtschaftszweiges umfassen (Gruppen-Kooperation).

b) *Vertikale Kooperation:* Zusammenarbeit zwischen Betrieben, die unterschiedlichen Wirtschaftsstufen angehören, z. B. Kooperation zwischen Industrie und Handel bei Vertriebsbindungen, bei der vertikalen Preisbindung oder innerhalb des Handels, etwa zwischen Großhandel und gewissen Einzelhändlern bei den freiwilligen Ketten.

2. Nach den *gemeinschaftlich durchgeführten Funktionen:*

a) Die Kooperation kann sich auf nahezu alle betrieblichen Funktionen erstrecken, z. B. auf Beschaffung, Produktion, Absatz und Finanzierung: *gesamtfunktionelle Kooperation.*

b) Meist bleibt die Zusammenarbeit auf einzelne Funktionen beschränkt: *Teilfunktionelle* bzw. *sektorale Kooperation,* z. B. Beschaffungs-, Produktions-, Absatz-, Verwaltungs- oder Finanz-Kooperation.

3. Nach den *Marktgebieten, auf die sich die kooperative Tätigkeit erstreckt:*

a) Zusammenarbeit auf regionalen oder überregionalen *Inlandsmärkten.*

b) Zusammenarbeit auf *Auslandsmärkten,* und zwar im Hinblick auf die Beschaffung (Import-Kooperation) und bezüglich des Absatzes (Export-Kooperation).

4. Nach der *beabsichtigten Dauer kooperativer Aufgabenerfüllung:*

a) Zusammenarbeit beim Erhalt bzw. der Erfüllung eines Einzelauftrags *(Auftrags-Kooperation).*

b) Zusammenarbeit in bestimmten Bereichen auf längere Sicht *(kurz-, mittel- oder langfristige Kooperation).*

III. Kartellrechtliche Beurteilung

Mit der Kooperation von Unternehmungen sind vielfältige volks- und betriebswirtschaftliche sowie steuer-, gesellschafts- und kartellrechtliche Probleme verbunden. Während manche Kooperationen, etwa von kleinen und mittleren Unternehmen, zu einer spürbaren Wettbewerbsbelebung führen, können von anderen Kooperationen Wettbewerbsbeschränkungen ausgehen, die das Marktergebnis negativ beeinflussen. Aufgrund der oben aufgezeigten großen Vielfalt an Formen und Intensitätsstufen von Kooperationen ist daher von den Kooperationsteilnehmern in jedem Einzelfall selbst zu prüfen, ob die Kooperation gegen das Verbot des § 1 GWB und des Art. 101 I AEUV verstößt oder ob eine Legalisierung gemäß der §§ 2f. GWB und Art. 101 III AEUV in Betracht kommt. Sie können dabei auf Merkblätter und Leitlinien des Bundeskartellamts und der Europäischen Kommission zurückgreifen, die Hilfestellung bei der Selbsteinschätzung sowie bei der Auslegung der einschlägigen kartellrechtlichen Bestimmungen geben. Ferner besteht die Möglichkeit, die Kartellbehörde um eine Entscheidung zu bitten, nach der bezüglich der Kooperation die Voraussetzungen des § 1 GWB und des Art. 101 I AEUV nicht vorliegen, sodass die Kartellbehörde keinen Anlass zum Tätigwerden sieht (§ 32c GWB).

Kopplungsgeschäfte

1. *Begriff:* Auch *Kopplungsbindungen.* Verpflichtung einer Vertragspartei, zusätzlich zum eigentlich gewünschten Gut (Koppelungsprodukt) eine andere – meist nicht gewünschte – Ware oder Dienstleistung abzunehmen, die weder sachlich noch handelsüblich zum gewünschten Gut dazugehört (gekoppeltes Produkt). Die Koppelung kann durch Zwang (insbesondere auf Druck eines marktbeherrschenden Anbieters des Koppelungsproduktes) oder durch Preisanreize bewirkt werden. Koppelungsgeschäfte können zum Ausschluss der Wettbewerber vom Markt für das gekoppelte Produkt führen und die wirtschaftliche Bewegungsfreiheit des dergestalt vertraglich Gebundenen einschränken.

2. *Kartellrechtliche Beurteilung:* Kopplungsgeschäfte verstoßen grundsätzlich gegen das Verbot des § 1 GWB und Art. 101 I AEUV. Koppelungen im Vertikalverhältnis können gemäß der Vertikal-GVO von diesem Verbot freigestellt sein, wenn sich der Marktanteil des Lieferanten sowohl beim Koppelungsprodukt als auch beim gekoppelten Produkt auf maximal 30 Prozent beläuft. Zudem möglicher Missbrauch einer marktbeherrschenden Stellung (§ 19 I, II Nr. 2 GWB) sowie möglicher Verstoß gegen das Verbot unbilliger Behinderung anderer Unternehmen durch marktbeherrschende oder marktstarke Anbieter (§§ 19 I i.V.m. II Nr. 1, 20 I GWB).

Springer Fachmedien Wiesbaden (Hrsg.), *180 Keywords Wettbewerbsrecht*,
https://doi.org/10.1007/978-3-658-23650-2_9

Learning by Doing Economies

Lernkurveneffekte; können als dynamisierte Effekte von Economies of Scale interpretiert werden, da die Stückkosten eines Unternehmens nicht nur von der aktuellen Produktionsmenge, sondern auch von der in der Vergangenheit produzierten Menge abhängen. Das Potenzial zur Kostensenkung wird in der Erfahrungskurve dokumentiert, die angibt, um welchen Prozentsatz die Stückkosten bei einer Verdopplung der Produktionsmenge jeweils fallen. Gründe für diese Ersparnis können Lerneffekte sein, aber auch eine effizientere Produktion, wie z. B. eine Reduktion der Ausschussquoten.

Die Erfahrungskurve gibt Auskunft über mögliche Wettbewerbsstrategien und ist als Instrument für die strategischen Planungen anzusehen. Dieser als *Learning by Doing* bezeichnete Prozess kann zu Wettbewerbsvorteilen eines Unternehmens gegenüber Newcomern führen. Das Phänomen ist seit langem in Unternehmen und Haushalten bekannt, wurde aber zuerst beobachtet und als ökonomisches Konzept formuliert bei der Massenproduktion von Flugzeugen während des Zweiten Weltkrieges. Die Abbildung „Learning by Doing Economies" verdeutlicht alternative *Lernkostenkurven* (DTK1, DTK2 bzw. DTK3) bei kumuliertem Output im Zeitablauf.

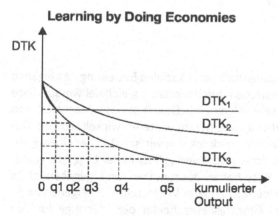

DTK = durchschnittliche totale Kosten

Wenn Learning by Doing Economies eine große Rolle spielen würde (wie im Fall DTK3), könnte dadurch eine *Monopolisierungstendenz* ausgelöst werden, die jedoch durch verschiedene Faktoren gemildert wird:

(1) Das Potenzial für Kostenersparnisse durch Learning by Doing sinkt im Zeitablauf, da die ständige Wiederholung der Produktionsabläufe immer weniger neue Erfahrungen mit sich bringt.

(2) Im Zeitablauf werden sich die Produktionserfahrungen eines Unternehmens durch den Wechsel von Mitarbeitern, das Auslaufen von Patenten und das Publikwerden von Produktionstechniken nicht geheim halten lassen (Spillover-Effekt), sodass die Kostennachteile der Konkurrenten geringer sein werden als im Fall vollkommen unternehmensspezifischer Lernkurven.

(3) Im Fall eines raschen technologisch bedingten Wechsels des Produktdesigns gehen die Vorteile der Lernkurve verloren; ein Newcomer kann sehr rasch eine neue überlegene Lernkurve realisieren.

Lernkosten-Ersparnisse können bei der Produktion von Gütern eine Rolle spielen; falls diese Kostenersparnisse wesentlich sind, wird die Konzentrationstendenz auf den entsprechenden Produktmärkten verstärkt (Unternehmenskonzentration).

Macht

I. Begriff

Nach Weber die Chance, „innerhalb einer sozialen Beziehung den eigenen Willen auch gegen Widerstreben durchzusetzen, gleichviel worauf diese Chance beruht". Diese sehr allgemeine Definition von Macht ist von Arndt im Hinblick auf *wirtschaftliche* Macht weiterentwickelt worden. Danach ist wirtschaftliche Macht Ausdruck von wirtschaftlicher Überlegenheit: „Wer über wirtschaftliche Macht verfügt, ist in der Lage, die Handlungsfähigkeit anderer Wirtschafter auszunutzen und gegebenenfalls sogar die Willensentscheidungen anderer Wirtschafter im eigenen Interesse zu beeinflussen. Im Grenzfall entscheidet der Mächtige für den Schwachen".

II. Wettbewerb

1. Arten:

a) *(Horizontale) Marktmacht:* In der Wettbewerbstheorie werden im Hinblick auf die Konkretisierung des unbestimmten Rechtsbegriffes *Marktbeherrschung* in § 18 GWB und Art. 102 AEUV zwei Machtkonzepte als Unterfälle horizontaler Marktmacht vertreten: das traditionelle – von Cournot analysierte – *Einzelmachtkonzept* (Monopole, Teilmonopole und überragende Marktstellungen eines Unternehmens (vgl. § 18 I GWB)) sowie das sogenannte *Gruppenmachtkonzept,* das von der Zielsetzung der gemeinsamen Gewinnmaximierung (Joint Profit Maximization) von Unternehmensgruppen aufgrund von Absprachen im Sinn von § 1 GWB *(Kollektivmonopol)* oder eines Quasi-Agreements (Gruppendisziplin bzw. Preisführerschaft) im Sinne des § 18 V GWB ausgeht. In der europäischen Wettbewerbspolitik spricht man von kollektiver Marktbeherrschung.

b) *(Vertikale) Partnermacht* im Sinn von H. Arndt, bei welcher es nicht auf die Stellung auf dem relevanten Markt, sondern auf die Beziehungen und Abhängigkeiten *zwischen* den Marktpartnern (Anbieter und Nachfrager) ankommt; je nachdem, wer dominiert, liegt *Anbieter- oder Nachfragermacht* vor. Der dominierende Marktpartner zwingt dem anderen Partner seinen Willen auf, was bis zur Ausbeutung des Marktpartners gehen kann.

Partnermacht kann jedoch nur bei einer Beeinträchtigung des (horizontalen) Wettbewerbs vorliegen, die im Ergebnis zu einer Einschränkung von Alternativen und damit zu einer vertikalen Abhängigkeit führen kann. Das Konzept der vertikalen Partnermacht ist insofern kein eigenständiger Erklärungsansatz für Macht, sondern nur eine andere (vertikale) Betrachtungsweise desselben Phänomens.

2. Bei der wettbewerbspolitischen und -rechtlichen *Frage, was angemessene oder unangemessene Marktmacht ist,* handelt es sich – wie auch in anderen Bereichen der Wirtschaftspolitik – um eine Ermessensentscheidung. Anders als z. B. bei der Geld- und Finanzpolitik sind diese Ermessensentscheidungen jedoch einer richterlichen Kontrolle unterworfen, was an die Justiziabilität der Kriterien entsprechend hohe Anforderungen stellt.

III. Wirtschaftsethik

1. *Macht und der rechte Gebrauch von* Macht sind ein zentrales Thema der Ethik seit der griech. Philosophie. Bis in die gegenwärtige Wirtschaftsethik lassen sich *zwei grundlegende Alternativen des Umgangs mit* Macht unterscheiden.

a) Die Konzeption, die auf *Platon* zurückgeht, hält Macht für erwünscht zur *Verwirklichung sittlicher Ziele* bzw. – in der schwächeren Variante – für unvermeidlich, und sie versucht, die mit Macht offensichtlich verbundenen Gefahren durch die individuelle Moral der Mächtigen (Bindung an die Gerechtigkeit) unter Kontrolle zu halten: So begegnet man heute in der Wirtschaftsethik der Forderung nach einer „Ethik der wirtschaftlichen Macht". Diese Vorstellung mündet mehr oder weniger offen in totalitäre Gesellschaftsmodelle oder in paternalistische, hierarchische Führungskonzeptionen für Unternehmen und Organisationen.

Die moralische Bändigung der Macht soll oft durch entsprechende Erziehung der Machthaber (seit Platon) und durch moralische Appelle, teils mit Hinweis auf die Verantwortung des Mächtigen, zumindest vor Gott (Hobbes), gefördert werden.

b) Die andere Konzeption versucht, Macht durch entsprechende institutionelle Vorkehrungen zu domestizieren und/oder abzubauen. Diese Strategie steht Pate bei der *Entwicklung des modernen republikanischen bzw. demokratischen Staates:* Bindung des Fürsten an Recht und Gesetz, Verfassung, Rechtsstaat, Gewaltenteilung und parlamentarische Kontrolle sind die historisch bevorzugten Mittel. Seit Kant spielt die öffentliche Kritik an den Mächtigen eine bedeutende Rolle.

2. *Macht und Wirtschaft:* In der Ökonomik wird hervorgehoben, dass die gesamte Sphäre der Privatautonomie die Macht des Staates einschränkt und der *Wettbewerb* generell, auch der Wettbewerb zwischen Staaten, Gesellschaften und ihren Ordnungen, machtbegrenzend wirkt. Für Böhm ist der Wettbewerb „das großartigste und genialste Entmachtungsinstrument der Geschichte"; schon ein potenzieller Wettbewerber domestiziert Macht. Auf *Unternehmensebene* führt diese Konzeption zu neuen, kooperativen Führungskonzepten, zu Dezentralisierung mit vielen Entscheidungszentren, zur Etablierung von Unternehmensverfassungen und zur

Entwicklung entsprechender Unternehmenskulturen. Die moderne *Transaktionskostenökonomik* könnte für die wirtschaftsethische Behandlung von Macht systematisch wichtig werden. Im Zentrum steht die Abhängigkeit, in die Interaktionspartner aufgrund transaktionsspezifischer Investitionen geraten können. Macht lässt sich konzeptualisieren als Fähigkeit eines Partners, die Quasirente des anderen auszubeuten. Rationale Akteure antizipieren das und gehen solche – „an sich" produktive – Interaktionen so lange nicht ein, wie sie nicht durch entsprechende institutionelle Arrangements vor dieser Macht sicher sind.

Markt

I. Mikroökonomik

1. *Begriff:* Markt nennt man in *funktioneller* Hinsicht das Zusammentreffen von Angebot und Nachfrage, durch das sich im Falle eines Tausches Preise bilden. Mindestvoraussetzung für das Entstehen eines Marktes ist eine potenzielle Tauschbeziehung, d. h. abgesehen vom Tauschmittel (in der Regel Geld) mind. ein Tauschobjekt (knappes Gut), mind. ein Anbieter und mind. ein Nachfrager.

2. *Arten:*

a) Ein Markt kann *organisiert* oder *nicht-organisiert* sein. Im zuerst genannten Fall liegt ein Markt im institutionellen Sinn vor, auf dem bestimmte festgelegte Regeln gelten; z. B. Wochenmärkte, Jahrmärkte, Auktionen, Ausschreibungen, Börsen. Angebot und Nachfrage werden auch durch Messen und Ausstellungen zusammengeführt.

b) Nach dem *Marktzutritt* kann in offene, beschränkte und geschlossene Märkte unterschieden werden. Wenn der Zugang zum Markt und der Marktaustritt jederzeit für alle Anbieter offen stehen, herrscht freie Konkurrenz, sonst liegt ein *geschlossener* Markt vor. Letzterer kann durch staatliche Verfügung entstehen (z. B. früher durch das Postregal, Konzessionen), auf rechtlichen Gründen beruhen (Patent) oder lediglich faktisch (temporär) gegeben sein. Die resultierenden Wirkungen sind jeweils unterschiedlich.

c) Ein Markt ist *frei,* wenn die Marktpartner ihre Aktionsparameter, besonders den Preis, frei aushandeln bzw. setzen können. Unterliegt der Aktionsparameter behördlichen Eingriffen (z.B. in Form von Fest-, Höchst- oder Mindestpreisen – Preisfunktionen) so liegt ein *regulierter* Markt vor.

d) Nach *Präferenzen* wird folgendermaßen unterschieden: Man nennt einen Markt *homogen,* wenn das Gut technisch homogen ist und als solches auch von den Nachfragern perzipiert wird. Letzteres bedingt, dass *persönliche Präferenzen* zwischen Anbietern und Nachfragern fehlen, Transportkosten nicht auftreten, also ein *räumlicher Punktmarkt* vorliegt, außerdem Angebot und Nachfrage sich auf den gleichen Zeitpunkt beziehen *(zeitlicher Punktmarkt).* Fehlt eine dieser Voraussetzungen, liegt ein *heterogener* Markt vor.

Herrscht auf einem homogenen Markt vollständige Markttransparenz und reagieren die Beteiligten auf Marktsignale mit unendlicher Reaktionsgeschwindigkeit, spricht man vom *vollkommenen* Markt. In allen anderen Fällen handelt es sich um einen *unvollkommenen* Markt. Auf einem vollkommenen Markt gibt es einen einheitlichen Preis („Gesetz der Unterschiedslosigkeit der Preise" nach Jevons). „Vollkommenheit" ist als Begriff rein analytisch zu verstehen, wird also im normativen Sinn nicht als überlegen bewertet.

3. *Marktabgrenzung:* Soll ein Markt bestimmt werden, ist eine Marktabgrenzung in sachlicher, persönlicher, räumlicher und zeitlicher Hinsicht vorzunehmen, d.h. es ist festzulegen, wer unter diesen Kriterien zu den Anbietern und Nachfragern der zum Markt gehörenden Güter zählen soll. Eine allgemeingültige Marktabgrenzung gibt es nicht, sondern nur im Hinblick auf eine bestimmte Fragestellung bzw. Zwecksetzung. Außerdem ist ein gewisser Grad an „Willkür" nicht vermeidbar.

II. Ordnungsökonomik

Märkte bzw. Marktwirtschaften werden mit spontanen Ordnungen gleichgesetzt, während Zentralverwaltungswirtschaften mit gesetzten Ordnungen, Organisationen, identifiziert werden. Häufig soll die Überlegenheit von Marktwirtschaften über Zentralverwaltungswirtschaften gezeigt werden. Hayek weist dabei auf Folgendes hin: Eine Marktordnung erhöht die Chancen, über verschiedene Güter zu verfügen in höherem Maße als jede andere uns bekannte Ordnung. Die Überlegenheit werde dadurch erreicht, dass jeder Akteur, während er seinen eigenen Zielen

folgt, unbeabsichtigt auch die Ziele anderer Personen fördere. Eine Marktordnung sei ein Positiv-Summen-Spiel, das Anreize enthalte, anderen bei
der Befolgung ihrer Ziele dienlich zu sein. Preise nehmen dabei eine zent-
rale Rolle ein: Sie informieren alle Akteure über veränderte Knappheiten,
aber auch über veränderte Wertschätzungen und lenken das Verhalten
dezentral dahin, dass die dringlichsten Wünsche zuerst befriedigt werden
können. Der Wettbewerb kann dabei als Entdeckungsverfahren gedacht
werden, das den Beteiligten Wissen über die Wünsche und Fähigkeiten
anderer Akteure entdeckt, die ohne seine Nutzung unentdeckt bleiben
würden. Bestimmte in der Vergangenheit erzielte Erfolge sind für Gegen-
wart und Zukunft allerdings bedeutungslos: Pekuniäre Externalitäten sind
notwendige Funktionsbedingung einer funktionierenden Marktordnung.
Die Sicherung von Einkommenspositionen über staatliche Beihilfen wird
von Ordnungsökonomen deshalb abgelehnt. Die abstrakten Regeln, die
einer Marktordnung zugrunde liegen, können nur als Chancen interpretiert werden und nicht als Recht auf bestimmte Ergebnisse.

Die *Notwendigkeit des Staates zur Sicherung der spontanen Ordnung Markt*:
Traditionell wird von Ordnungsökonomen ein starker Staat gefordert, der
die Konzentration von Macht in der Hand einiger weniger Individuen zu
verhindern habe. Diese Position ist häufig kritisiert worden, weil sie ver-
nachlässige, dass Vertreter des Staates eine starke Position für eigene
Zwecke missbrauchen können. Machtpositionen, die durch das staatliche
Gewaltmonopol geschützt werden, seien sogar noch gefährlicher als
Macht in der Hand von Privaten.

Marktabgrenzung

Bestimmung des relevanten Marktes. Einerseits kann dieses auf der
Nachfrageseite geschehen, indem man sich die Substitutionsbeziehun-
gen zwischen den Gütern ansieht (Substitutionslücke), andererseits kann
es eine technisch-funktionelle Verbundenheit auf der Angebotsseite geben.

Problem bei der Bestimmung des Marktanteils bzw. Marktvolumens und
Marktpotenzials. Nach Zweckmäßigkeitsüberlegungen wird ein Markt
nach sachlichen, räumlichen und zeitlichen Kriterien eingeengt.

Marktanteil

Prozentualer Anteil eines Unternehmens am Gesamtumsatz aller Anbieter (oder Nachfrager) auf einem relevanten Markt. *Anders:* Verhältnis zwischen der Höhe des eigenen Umsatzes und dem Umsatz des (der) stärksten Konkurrenten.

Marktaustrittsschranken

Faktoren, die den Rückzug eines Unternehmens aus einem Markt erschweren (z. B. arbeitsrechtliche Hemmnisse, hohe Stilllegungskosten, die häufig den Charakter von Sunk Costs haben, und staatliche Regulierungsmaßnahmen), obwohl (dauerhafte) Nachfrageschwäche und/oder Überkapazitäten den Markt kennzeichnen. Folgen sind Beeinträchtigung des Marktmechanismus und Fehlallokation.

Marktbeherrschendes Unternehmen

1. *Einzelmarktbeherrschung:* Unternehmen, das die Marktbeherrschungsvermutung des § 18 IV GWB erfüllt (Marktanteil von mind. 40 Prozent) und darüber hinaus gemäß § 18 I GWB a) ohne Wettbewerber ist oder keinem wesentlichen Wettbewerb ausgesetzt ist oder b) eine im Verhältnis zu seinen Wettbewerbern überragende Marktstellung hat.

2. *Kollektive Marktbeherrschung:* Liegt gemäß § 18 VI GWB vor, wenn a) drei oder weniger Unternehmen über einen Marktanteil von 50 Prozent verfügen oder b) fünf oder weniger Unternehmen einen Marktanteil von zwei Dritteln erreichen, es sei denn, diese Unternehmen weisen gemäß § 18 VII GWB jeweils nach, dass zwischen ihnen wesentlicher Wettbewerb herrscht (funktionierender Binnenwettbewerb) und/oder dass sie im Verhältnis zu den übrigen Wettbewerbern keine überragende Marktstellung haben (funktionierender Außenwettbewerb).

Marktbeherrschung

Tatbestandsmerkmal der Fusionskontrolle und der Missbrauchsaufsicht (Deutsches Kartellrecht, Europäisches Kartellrecht).

Individuelle Marktbeherrschung liegt vor, wenn Unternehmen auf dem sachlich und räumlich relevanten Markt ohne Wettbewerber sind, keinem wesentlichen Wettbewerb ausgesetzt sind oder eine überragende Marktstellung besitzen.

Überragende Marktstellung ist praktisch wichtiger; sie verlangt eine Strukturbetrachtung, bei der neben dem Marktanteil und den Marktanteilsabständen zu den Wettbewerbern zahlreiche weitere Strukturmerkmale wie die Finanzkraft und Marktzutrittsschranken Dritter zu berücksichtigen und in der Gesamtschau zu beurteilen sind (§ 18 III GWB).

Kollektive Marktbeherrschung setzt voraus, dass zwischen (wenigen) Unternehmen kein wesentlicher Wettbewerb besteht (§ 18 V GWB).

Von marktbeherrschenden Unternehmen wird angenommen, dass sie über wettbewerblich nicht hinreichend kontrollierte Verhaltensspielräume verfügen. Zum Schutz der Marktgegenseite (Abnehmer oder Lieferanten des Marktbeherrschers) sowie der Marktnebenseite (Wettbewerber des Marktbeherrschers) werden im Rahmen der kartellrechtlichen *Missbrauchsaufsicht* bei Marktbeherrschern daher strengere Verhaltensmaßstäbe angelegt als bei anderen Unternehmen (vgl. § 19 GWB, Art. 102 AEUV).

In der *Fusionskontrolle* sind Zusammenschlüsse, die zu einer erheblichen Behinderung wirksamen Wettbewerbs führten, insbesondere aufgrund der zu erwartenden Entstehung oder Verstärkung einer marktbeherrschenden Stellung, vom Bundeskartellamt zu untersagen (§ 36 I GWB).

Marktbeherrschungsvermutung

Gemäß § 18 IV und VI GWB wird Marktbeherrschung bei der Missbrauchsaufsicht bzw. Fusionskontrolle vermutet, wenn bestimmte Marktanteile auf dem relevanten Markt erreicht sind. Das Überschreiten der gesetzlich verankerten Marktanteilsschwellen (40 Prozent für ein einzelnes Unternehmen, 50 Prozent für drei oder weniger Unternehmen, zwei Drittel für fünf oder weniger Unternehmen) ist dabei eine notwendige, allein jedoch keine hinreichende Voraussetzung für den Nachweis von Marktbeherrschung, d. h. es müssen plausible qualitative Erwägungen der Kartellbehörde hinzukommen. Die Marktbeherrschungsvermutungen sind widerleglich, die damit verbundene Beweislast trifft insofern die von der Vermutung betroffenen Unternehmen.

Markteintrittsschranken

Marktzutrittsschranken; Nachteile eines neu auf einen Markt eintretenden Unternehmens gegenüber den auf diesem Markt befindlichen Anbietern.

Formen:

(1) absolute Kostenvorteile z. B. aufgrund eines Know-how-Vorsprungs;

(2) Betriebsgrößenvorteile (je größer, desto größer der Marktanteil) aufgrund der Nutzung von Skalenerträgen;

(3) Produktdifferenzierungsvorteile unter Umständen aufgrund von Konsumentenpräferenzen für eingeführte Produkte (Markentreue, Markenkenntnis).

Wettbewerbsrecht: Durch ein Unternehmen oder einen Unternehmenszusammenschluss entstandene Schranken des Markteintritts in rechtlicher oder tatsächlicher Art sind bei der Prüfung der Marktbeherrschung (Marktmacht) zu berücksichtigen.

Marktergebnis

Market Result, Market Performance; dient als Maßstab, anhand dessen beurteilt werden kann, inwieweit auf dem betrachteten relevanten Markt das Ziel bestmöglicher Versorgung erreicht wird. Die Höhe des Preises und der Gewinne, die Qualitäten, der Output oder der technische Fortschritt sind Beispiele für Marktergebnisdimensionen.

Marktergebnis wird zur Beschreibung des formalen Aufbaus des Konzepts eines wirksamen Wettbewerbs verwendet.

Marktmacht

Kriterium der Wettbewerbstheorie zur Kennzeichnung des Wettbewerbsgrades auf einem Markt. Marktmacht wird dabei im Sinn von Marktbeherrschung interpretiert, die tendenziell zur Ausschaltung des Wettbewerbs führt.

Die *Bekämpfung von Marktmacht* durch Verhinderung von Kartellen, Fusionskontrolle und Entflechtung von Konzernen ist die vordringlichste Aufgabe der Wettbewerbspolitik. Die Vermutungstatbestände des Gesetzes gegen Wettbewerbsbeschränkungen (GWB) unterscheiden zwischen den Markt beherrschenden (Teil-)Monopolen und Oligopolen.

Marktphase

Entwicklungsstadium eines Marktes. Nach *E. Heuß* durchläuft ein Markt von seiner Entstehung bis zu seinem Endzustand verschiedene Marktphasen mit jeweils unterschiedlichen Angebots- und Nachfragebedingungen, die Heuß in *Experimentier-, Expansions-, Ausreifungs- und Stagnations- oder Rückbildungsphase* einteilt. Diesen vier Marktphasen entsprechen der Pionierunternehmer, der spontan imitierende, der nur unter Druck reagierende Unternehmer sowie der immobile Unternehmer. Als mögliches Einteilungskriterium für die Marktphasen dient die Einkommenselastizität der Nachfrage.

Die von Heuß vorgenommene *Typisierung von Marktphasen und Unternehmertypus* erlaubt Rückschlüsse für die Wettbewerbspolitik, da die Marktphasen nicht nur mit dem Unternehmertypus, sondern auch mit der Marktform und den Marktzutrittsschranken sowie den im Wettbewerb eingesetzten Aktionsparametern und Gewinnraten korrelieren.

Marktstruktur

Market Structure; 1. alle Merkmale, die die Zusammensetzung und das Gefüge eines Marktes beschreiben.

2. Die Marktstruktur wird bestimmt durch die Zahl der Anbieter und Nachfrager sowie ihrer Marktanteile, Art der Güter, Markttransparenz, Markteintrittsschranken und Marktaustrittsschranken, Marktphase und gegebenenfalls weitere Einflussfaktoren.

3. Der Ökonom von Stackelberg unterscheidet in Abhängigkeit der Anzahl und Größe auf der Anbieter- und auf der Nachfragerseite die folgenden Marktformen:

a) Ein Markt mit einem großen Anbieter und vielen atomistischen Nachfragern wird als Monopol bezeichnet. Ein Monopson (Nachfragemonopol) liegt vor, wenn einem Nachfrager viele atomistische Anbieter gegenüber stehen. Ein bilaterales Monopol ist eine Marktstruktur mit jeweils einem Anbieter und einem Nachfrager.

b) Steht dem einzigen Anbieter eine überschaubare Anzahl an Nachfragern gegenüber, dann liegt ein beschränktes Monopol vor. Ein beschränktes Monopson ist andererseits eine Marktstruktur mit wenigen Anbietern und einem Nachfrager.

c) Ein Oligopol liegt nach von Stackelberg vor, wenn es wenige Anbieter (Unterscheidung zwischen dem engen und dem weiten Oligopol) mit einer hohen Anzahl an gemessen am Marktanteil kleinen Nachfragern zu tun haben. Ein Oligopson, auch als Nachfrageoligopol bekannt, ist eine Marktstruktur mit wenigen Nachfragern und vielen Anbietern. Bei einem bilateralen Oligopol handelt es sich um eine Marktstruktur mit jeweils einigen Anbietern und Nachfragern.

d) Die für das Modell der vollständigen Konkurrenz wichtige Marktstruktur des Polypols liegt vor, wenn sowohl auf der Anbieter- als auch auf der Nachfragerseite viele unbedeutende Marktteilnehmer vorhanden sind.

4. Marktstruktur dient neben dem Marktverhalten und dem Marktergebnis zur Beschreibung des formalen Aufbaus des Konzepts eines wirksamen Wettbewerbs.

Marktverhalten

Market Behaviour, Market Conduct; umfasst alle Aspekte, die Ausdruck von unternehmerischen Entscheidungen und damit – im Gegensatz zur Marktstruktur – kurzfristig veränderbar sind.

Beispiele: Häufigkeit und Zeitpunkt von Preis-, Mengen- oder Qualitätsänderungen im Kampf um Marktanteile im Zeitablauf. Wichtig zur *Abgrenzung* von Wettbewerb und Marktbeherrschung ist, ob das Verhalten Ausdruck von *Spirit of Competition* oder von Neigung zu wettbewerbsbeschränkenden Strategien ist.

Marktverhalten dient neben der Marktstruktur und dem Marktergebnis zur Beschreibung des formalen Aufbaus des Konzepts eines wirksamen Wettbewerbs.

Merger Guidelines

Ausführungsbestimmungen des US-amerikanischen Kartellrechts (Antitrust-Gesetzgebung) zur Fusionskontrolle. Die Generaldirektion Wettbewerb der Europäischen Kommission hat Guidelines zu Einzelfragen der europäischen Fusionskontrolle erarbeitet. Das Bundeskartellamt bietet ein ausführlicheres Merkblatt zur deutschen Fusionskontrolle an.

Ministererlaubnis

Einzelfallbezogene Regelung des § 42 GWB, nach der vom Bundeskartellamt (BKartA) nach § 36 I GWB untersagte Zusammenschlüsse auf Antrag der beteiligten Unternehmen mit Erlaubnis des Bundesministers für Wirtschaft und Energie dennoch vollzogen werden dürfen. Die Erlaubnis kann mit Bedingungen und Auflagen verbunden werden (§ 42 II GWB). Die alternativ nebeneinander stehenden Erlaubnisvoraussetzungen sind dabei teils wirtschaftlicher („gesamtwirtschaftliche Vorteile"), teils allgemein-politischer Natur („Rechtfertigung durch ein überragendes Interesse der Allgemeinheit"). Hinzu kommt, dass die Erlaubnis nur dann erteilt werden darf, wenn die mit dem Zusammenschluss verbundene Wettbewerbsbeschränkung die marktwirtschaftliche Ordnung nicht gefährdet. Der Bundesminister für Wirtschaft und Energie hat vor seiner Entscheidung eine Stellungnahme (Sondergutachten) der Monopolkommission einzuholen und den betroffenen Landeskartellbehörden Gelegenheit zur Stellungnahme zu geben (§ 42 III GWB).

Eine Ministererlaubnis kann nach § 41 III GWB auch für bereits vollzogene Zusammenschlüsse erteilt werden, die ansonsten vom Bundeskartellamt zu entflechten wären.

Ministerkartell

Gemeinwohlkartell. Mit der Siebten GWB-Novelle abgeschaffte Möglichkeit nach § 8 GWB a.F. zur Freistellung vom Verbot des § 1 GWB für solche Vereinbarungen und Beschlüsse, die zwar aufgrund der Verfolgung außerwettbewerblicher Ziele ansonsten nicht legalisierungsfähig waren, deren Zustandekommen jedoch nach Ansicht des Bundeswirtschaftsministers aus Gründen der Gesamtwirtschaft und des Gemeinwohls dennoch wünschenswert erschien.

Missbrauchsaufsicht

Die gesetzlichen Regelungen zur Missbrauchsaufsicht unterwerfen marktbeherrschende und marktstarke Unternehmen einer Verhaltenskontrolle durch die Kartellbehörde. Es handelt sich dabei um eine wichtige Ergänzung zur Zusammenschlusskontrolle. Während Letztere als präventive Strukturkontrolle die Entstehung oder Verstärkung marktbeherrschender Stellungen durch externes Unternehmenswachstum verhindern soll, ermöglicht die Missbrauchsaufsicht ex post die Intervention gegen das Verhalten solcher Unternehmen, die ihre marktbeherrschende Stellung aufgrund internen Unternehmenswachstums erlangt haben. Die wichtigsten Normen der Missbrauchsaufsicht sind die §§ 19, 20 GWB und Art. 102 AEUV. Missbräuchlich ist demnach insbesondere

a) die unmittelbare oder mittelbare unbillige Behinderung anderer Unternehmen;

b) die unmittelbare oder mittelbare Diskriminierung anderer Unternehmen ohne sachlich gerechtfertigten Grund;

c) die Forderung von Entgelten oder sonstigen Geschäftsbedingungen, die von denjenigen abweichen, die sich bei wirksamem Wettbewerb mit hoher Wahrscheinlichkeit ergeben würden;

d) die Forderung ungünstigerer Entgelte oder sonstiger Geschäftsbedingungen, als sie das marktbeherrschende Unternehmen selbst auf vergleichbaren Märkten von gleichartigen Abnehmern fordert;

e) die Verweigerung des Zugangs zu Netzen oder anderen Infrastruktureinrichtungen, soweit es hierzu keine Alternative gibt;

f) der Verkauf von Waren oder gewerblichen Leistungen dauerhaft unter Einstandspreis.

Mittelstandsempfehlung

Frühere Ausnahme vom grundsätzlichen Empfehlungsverbot des § 22 I GWB a.F. zugunsten kleiner und mittlerer Unternehmen.

Mittelstandsempfehlungen sind seit der Siebten GWB-Novelle allgemein nach § 1 GWB und Art. 101 I AEUV zu beurteilen.

Mittelstandskartell

1. *Begriff:* Freistellung vom Kartellverbot des § 1 GWB für horizontale Vereinbarungen und Beschlüsse von Unternehmensvereinigungen unter Beteiligung kleiner und mittlerer Unternehmen (§ 3 GWB).

2. *Voraussetzung* ist, dass die Vereinbarung bzw. der Beschluss die Rationalisierung wirtschaftlicher Vorgänge durch zwischenbetriebliche Kooperation zum Gegenstand hat, dadurch der Wettbewerb auf dem Markt nicht wesentlich beeinträchtigt wird und hierdurch die Wettbewerbsfähigkeit der kleinen und mittleren Unternehmen verbessert wird. Hauptziel der Regelung ist demnach ein struktureller Nachteilsausgleich gegenüber ebenfalls auf dem Markt tätigen Großunternehmen. Wichtige Grundvoraussetzung für die Freistellung ist ferner, dass das Mittelstandskartell zu keiner spürbaren Beeinträchtigung des Handels zwischen den Mitgliedsstaaten führt. Insofern aber der zwischenstaatliche Handel berührt wird, richtet sich die Beurteilung des Kartells allein nach Art. 101 I, III AEUV, da im europäischen Wettbewerbsrecht eine entsprechende Sonderregelung für kleine und mittlere Unternehmen nicht vorgesehen ist.

Monopol

1. *Begriff:* Marktform, bei der auf der Seite des Angebots nur ein aktueller Verkäufer vorhanden ist (Angebotsmonopol), während die Nachfrageseite viele kleine Nachfrager aufweist. Bei geschlossenem Markt spricht man auch von einem *absoluten Monopol,* während das Monopol bei offenem Markt als *prozessuales Monopol* bezeichnet wird.

Der Monopolist steht einer Preisabsatzfunktion gegenüber, die gleichzeitig die Gesamtnachfragefunktion des Marktes ist; sein Aktionsparameter ist entweder der Preis oder die Menge. Die notwendige *Gewinnmaximierungsbedingung* lautet: Grenzkosten = Grenzerlös (monopolistische Preisbildung).

2. *Arten:*

a) *natürliches Monopol;*

b) *rechtliches Monopol* durch den Staat (z. B. Branntwein-Monopol) oder durch Gesetze (z. B. Patentrecht);

c) *wirtschaftliches Monopol* durch Vertrag (sogenanntes Kollektiv-Monopol) oder originär (z. B. Kunstwerke oder schöne Seegrundstücke).

3. *Beurteilung:*

a) Bei einem Vergleich der Marktversorgung zwischen dem Monopol und vollkommener Konkurrenz wird oft behauptet, der Monopolpreis liege über dem bei vollständiger Konkurrenz. Diese Aussage ist aber nur unter der Prämisse gleicher Kostenfunktionen richtig. Ein *natürliches Monopol* kann demgegenüber Kostenvorteile aufweisen.

b) Temporäre Monopolstellungen sind als Incentive in einer dynamischen Wirtschaft notwendig und erwünscht. Jedoch besteht die Gefahr, dass Unternehmen versuchen, aus der temporären eine dauerhafte Monopolstellung zu machen.

Monopolgesetzgebung

Bekämpfung der aus dem Missbrauch von Monopolen und ihrer wirtschaftlichen und politischen Macht drohenden Gefährdung des Wirtschaftslebens in den meisten modern organisierten Staaten.

Zu unterscheiden:

(1) *Verbotsgesetze:* Verbieten Monopole grundsätzlich (z. B. Antitrust- Gesetzgebung); Ausnahmen sind meist mit staatlicher Genehmigung möglich.

(2) *Missbrauchsgesetze:* Wollen den Missbrauch der Monopolstellung durch die Einrichtung staatlicher Kontrollen verhüten (z. B. Registrierungspflicht für alle monopolartigen Unternehmungen in Schweden).

(3) *Mischformen* sind möglich.

(4) Monopolgesetzgebung der *Bundesrepublik Deutschland:* Deutsches Kartellrecht.

Monopolistische Konkurrenz

1. *Modell:* Von Chamberlin entwickelte Theorie, die Monopolelemente in der Marktform des heterogenen Polypols berücksichtigt. Im Gegensatz zum homogenen Polypol sind die Anbieter hier in der Lage, den Preis zu

variieren. Dadurch verläuft die individuelle Preisabsatzkurve nicht mehr waagrecht, wie im homogenen Polypol, sondern ist nach rechts unten geneigt, wie beim Monopolisten. Die gewinnmaximale Preis-Mengen- Kombination liegt jeweils für jeden Anbieter in dessen Cournotschem Punkt.

2. In der Literatur finden sich *zwei Lösungsvorschläge für diese Marktform:*

a) *Chamberlinsche Tangentenlösung:* Das Konkurrenzelement dieser Marktform führt durch den möglichen Marktzutritt anderer Anbieter dazu, dass sich die individuellen Preisabsatzfunktionen der einzelnen Anbieter so weit nach links verschieben, bis die Stückkostenkurve die Preisabsatzkurve nicht mehr schneidet, sondern nur noch berührt. In dieser Tangentialsituation sind die Gewinne zwar gleich Null, die Stückkostenkurve berührt die Preisgerade jedoch nicht in ihrem Minimum, sondern links davon; es herrscht Gewinn- und Verlustlosigkeit (vgl. Abbildung „Monopolistische Konkurrenz – Chamberlinsche Tangentenlösung").

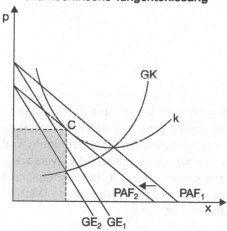

PAF = Preis-Absatz-Funktion
GK = Grenzkostenkurve
k   = Stückkostenkurve
GE = Grenzerlösfunktion
C   = Cournotscher Punkt

b) In der *Gutenbergschen Lösung* wird davon ausgegangen, dass infolge Präferenzen und Intransparenz die individuelle *Preisabsatzfunktion doppelt geknickt* ist. Gutenberg spricht vom *monopolistischen Bereich* bei der polypolistischen Preisabsatzfunktion (vgl. Abbildung „Monopolistische Konkurrenz – Gutenbergsche Lösung"), innerhalb dessen ein Unternehmen seine Aktionsparameter festsetzen kann, ohne Reaktionen der Konkurrenten befürchten zu müssen.

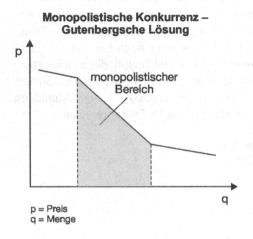

3. *Wohlfahrtsökonomische Implikationen:* Im heterogenen Polypol produzieren die Marktanbieter im Gleichgewicht Überkapazitäten. Die Produktion erfolgt nicht zu den niedrigsten Kosten und damit der Absatz nicht zu den niedrigsten Preisen. Ein gesamtwirtschaftliches Wohlfahrtsoptimum wird nicht erreicht. Als Maßnahmen zur Korrektur dieses Marktversagens können die Erhöhung der Markttransparenz (*Verbraucherorganisationen*) oder auch ein potenzieller Marktzutritt und eine konsequente Wettbewerbspolitik mit einer Missbrauchsaufsicht dienen.

Monopolkommission

Durch das Zweite Gesetz zur Änderung des Gesetzes gegen Wettbewerbsbeschränkungen vom 3.8.1973 nach dem Vorbild des deutschen Sachverständigenrates zur Begutachtung der gesamtwirtschaftlichen

Entwicklung (SVR) und der britischen Monopolkommission gebildetes Sachverständigengremium (§§ 44 ff. GWB).

1. *Mitglieder:* Die fünf Mitglieder werden auf Vorschlag der Bundesregierung durch den Bundespräsidenten auf die Dauer von vier Jahren berufen. Sie sind in ihrer Tätigkeit unabhängig und nur an ihren gesetzlichen Auftrag gebunden, dürfen weder der Regierung noch einer gesetzgebenden Körperschaft des Bundes oder eines Landes oder dem öffentlichen Dienst angehören; sie dürfen auch nicht Repräsentant eines Wirtschaftsverbandes oder einer Arbeitgeber- bzw. Arbeitnehmerorganisation sein.

2. *Aufgaben:* Gesetzlicher Auftrag der Monopolkommission ist die Beurteilung des jeweiligen Stands der *Unternehmenskonzentration in der Bundesrepublik Deutschland* sowie deren absehbarer Entwicklung unter wirtschafts-, besonders wettbewerbspolitischen Gesichtspunkten und die Würdigung der Kartellrechtspraxis der Kartellbehörden und der Gerichte zur Missbrauchsaufsicht und zur Fusions- bzw. Zusammenschlusskontrolle. Darüber hinaus ist die Kommission aufgefordert, nach ihrer Auffassung notwendige Änderungen der einschlägigen Bestimmungen des Gesetzes gegen Wettbewerbsbeschränkungen (GWB) aufzuzeigen. In Durchführung dieses gesetzlichen Auftrags hat die Monopolkommission alle zwei Jahre zum 30. Juni ein Gutachten zu erstellen („*Hauptgutachten*" oder „*Zweijahresgutachten*"), das der Bundesregierung zugeleitet wird, die es den gesetzgebenden Körperschaften vorlegt und in angemessener Frist dazu Stellung nimmt. Die Untersuchungsergebnisse und Empfehlungen der Kommission werden damit zum Gegenstand parlamentarischer Diskussion und durch die vorgeschriebene Veröffentlichung darüber hinaus einer breiteren Öffentlichkeit bekannt.

Über die regelmäßige Beurteilung der Konzentrationsentwicklung hinaus erstattet die Monopolkommission zusätzliche Gutachten (sogenanntes *Sondergutachten*), sowohl im Auftrag der Bundesregierung als auch nach eigenem Ermessen. Darüber hinaus hat der Bundesminister für Wirtschaft und Energie (BMWi) seit der Vierten GWB-Novelle 1980 in allen Zusammenschlussfällen, in denen er im Rahmen eines sogenannten Ministererlaubnisverfahrens zu entscheiden hat, die gutachtliche Stellungnahme der Monopolkommission einzuholen.

Die Monopolkommission verfügt über eine Geschäftsstelle in Bonn.

Monopolmissbrauch

1. *Begriff:* Sittenwidrige Ausnutzung eines Monopols durch Vorschreiben unbilliger und unangemessener Bedingungen (vgl. § 826 BGB).

2. *Wettbewerbs- und Kartellrecht:* Im deutschen und europäischen Kartellrecht wird der Monopolmissbrauch über die Missbrauchsaufsicht über marktbeherrschende Unternehmen nach den §§ 19, 20, 29 GWB und Art. 102 AEUV erfasst. Monopolmissbrauch kann Unterlassungs- und Schadensersatzklage nach der Generalklausel des unlauteren Wettbewerbs (§ 3 UWG) oder nach den Schutzvorschriften des deutschen und europäischen Kartellrechts rechtfertigen (Boykott, Kontrahierungszwang).

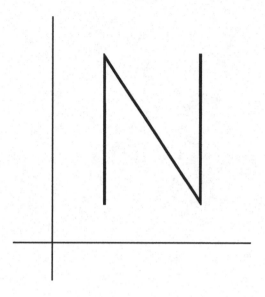

Nachfrageoligopol

Oligopson; eine Marktform, bei der wenige relativ große Nachfrager zahlreichen relativ kleinen Anbietern gegenüberstehen. Hierbei spüren die Nachfrageoligopolisten wegen der Größe ihrer Marktanteile jeweils die einkaufspolitischen Maßnahmen ihrer Konkurrenten, während die Anbieter für sich allein betrachtet keinen spürbaren Einfluss auf den Preisbildungsprozess ausüben können.

Konkurrieren nur zwei Nachfrager miteinander, so liegt ein *Nachfragedyopol* vor.

Natürliches Monopol

Situation, in der die firmeninternen Kostendegressionen (Economies of Scale) in Relation zur gegebenen Marktgröße so wichtig sind, dass im Wettbewerb auf Dauer nur ein Unternehmen überleben würde. Abnehmende langfristige Durchschnittskosten können insofern eine Monopolstellung implizieren, als ein einziges Unternehmen das Gut kostengünstiger herstellen kann als jede andere Anbieterzahl (strikte Subadditivität der Kosten des Monopolisten). Zusätzliche Bedingung für ein Monopolverhalten sind irreversible und damit versunkene Kosten.

Beispiele: Leitungsnetze (Strom, Gas, Wasser, Telekommunikation), Verkehrswege (Eisenbahn).

Negativattest (Kartellrecht)

Entscheidung der Kartellbehörde gemäß § 32c GWB, nach der sie bezüglich einer konkreten Vereinbarung oder einer bestimmten Verhaltensweise von Unternehmen von ihren Befugnissen nach den §§ 32 und 32 a GWB (Abstellungsverfügung; einstweilige Maßnahmen) keinen Gebrauch machen wird. Es steht dabei im pflichtgemäßen Ermessen der Kartellbehörde, ob sie dem entsprechenden Antrag des bzw. der betroffenen Unternehmen entsprechen möchte. Das Negativattest ist nicht gleichbeutend mit einer Freistellung und steht unter dem Vorbehalt eines späteren kartellbehördlichen Einschreitens, falls neuere Erkenntnisse über die Vereinbarung oder Verhaltensweise die tragenden Gründe der Entscheidung nach § 32c GWB berühren. Im System der Legalausnahme wird die Kartellbehörde Negativatteste regelmäßig auf Präzedenzfälle mit besonderer Breitenwirkung beschränken. Grundsätzlich haben die Unternehmen selbst einzuschätzen, ob eine Vereinbarung gegen das Verbot des § 1 GWB und Art. 101 I AEUV verstößt bzw. ob eine missbräuchliche Verhaltensweise im Sinne der §§ 19 bis 21 und 29 GWB und Art. 102 AEUV vorliegt.

Neo-Schumpeter-Hypothesen

Behaupten einen Zusammenhang zwischen der absoluten Unternehmensgröße (sogenannte Neo-Schumpeter-Hypothese I (NSH I)) bzw. der relativen Unternehmensgröße (sogenannte Neo-Schumpeter-Hypothese II (NSH II)) und dem technischen Fortschritt:

(1) Die *NSH I* geht davon aus, dass die Effektivität von *Forschung und Entwicklung* (F&E) mit der absoluten Unternehmensgröße steigt, da Großunternehmen über die notwendigen finanziellen Ressourcen für risikoreiche Innovationen verfügten. Zudem könnten Großunternehmen mehrere F&E-Projekte gleichzeitig betreiben, was das Risiko mindere. Außerdem könnten Forschungsanlagen besser genutzt werden, sodass Economies of Scale bzw. Economies of Scope bei der Produktion von Innovationen realisiert werden würden.

Empirische Untersuchungen zeigen jedoch, dass die Bürokratie in Großunternehmen auf Forschungsaktivitäten demotivierend wirkt und schneller zu Diseconomies führt als bei der Produktion, d. h. die mindestoptimale Unternehmensgröße wird im F&E-Bereich viel früher erreicht als im Produktionsbereich.

(2) Die *NSH II* geht von einem Zusammenhang zwischen Innovationsaktivitäten und der relativen Unternehmensgröße im Vergleich zum Marktvolumen aus. Danach müssen Unternehmen ex ante über Marktmacht und die Aussicht auf ein zeitlich begrenztes Monopol mit Pioniergewinnen verfügen, um die für F&E-Investitionen notwendigen Mittel anzusammeln und sich vor raschen Marktzutritten Dritter schützen zu können.

(3) Neuere *empirische Forschungen* in den 1980er-Jahren haben jedoch gezeigt, dass eine allgemeine kausale Verknüpfung von technischem Fortschritt und absoluter bzw. relativer Unternehmensgröße im Sinne der

NSH I und II empirisch nicht haltbar ist. Einen wesentlich höheren Erklä-
rungswert haben dagegen Industriecharakteristika wie unterschiedliche
Produktionstechnologien, Patentierfähigkeit der Produkte und Wachstum
der Märkte; sie bestimmen den Entwicklungsprozess einer Branche, der
sowohl die absolute und die relative Unternehmensgröße als auch den
technischen Fortschritt simultan determiniert. Häufig ist darauf verwiesen worden, dass die F&E-Aktivitäten aufgrund der übermäßigen Bürokratie, des mangelnden Wettbewerbsdrucks sowie aufgrund der Tendenz
zu Doppel- bzw. Parallelarbeit ineffizient sind.

Netzwerk der Wettbewerbsbehörden

European Competition Network, Abkürzung: ECN. Die nationalen Wettbewerbsbehörden der EU-Mitgliedsstaaten bilden zusammen mit der Generaldirektion Wettbewerb der Europäischen Kommission das Netzwerk der
europäischen Wettbewerbsbehörden. Es dient der Zusammenarbeit sowie dem regelmäßigen Informationsaustausch bei der Anwendung europäischen Wettbewerbsrechts (hier: Art. 101, 102 AEUV). Ausführlichere
Regelungen hierzu einschließlich von Ausführungen zu Beweisverwer-
tungsproblemen beim Austausch vertraulicher Angaben finden sich in
§ 50a GWB.

Nichtleistungswettbewerb

Umfasst Verhaltensweisen, die geeignet sind, einen echten Vergleich der
Leistungen der einzelnen Wettbewerber durch die Marktgegenseite aus-
zuschließen. Dabei kann es sich um eine Behinderung der Mitbewerber
oder um eine unmittelbare Beeinträchtigung der Entschließungsfreiheit
der Kunden handeln, beispielsweise durch Täuschung, Drohung oder
Lockangebote.

Nichtpreiswettbewerb

Non-Price Competition; Terminus der Wettbewerbstheorie für alle Formen
des Wettbewerbs, die auf den Einsatz des Preises als Aktionsparameter
verzichten und stattdessen auf andere Wettbewerbsformen (Qualität,
Service und Werbung) ausweichen. Nichtpreiswettbewerb ist die typi-

sche Wettbewerbsform in Oligopolen mit hoher Interdependenz, in denen eine Verlagerung des Wettbewerbsstrebens vom Preiswettbewerb auf den Nichtpreiswettbewerb stattfindet.

Normen- und Typenkartell

Kartell zur Festlegung einheitlicher Normen (nichtstaatlicher technischer Vorschriften über die Beschaffenheit einer Ware hinsichtlich von Material, Herstellung und Verbindung mit anderen Waren) und Typen (Baumustern für komplexe Produkte). Bei nicht diskriminierenden, offenen und transparenten Vereinbarungen über Normen und Typen liegt grundsätzlich keine Wettbewerbsbeschränkung vor. Das Verbot des § 1 GWB und des Art. 101 I AEUV könnte dann berührt sein, wenn Normen und Typen Teil einer umfassenderen Vereinbarung sind, die auf den Ausschluss von Wettbewerbern vom relevanten Markt abzielen. In einem solchen Fall ist unter Umständen eine Legalausnahme des Normen- und Typenkartells nach § 2 GWB und Art. 101 III AEUV möglich. Dies hat unter anderem zur Voraussetzung, dass die Verbraucher an den damit verbundenen Effizienzgewinnen angemessen beteiligt werden.

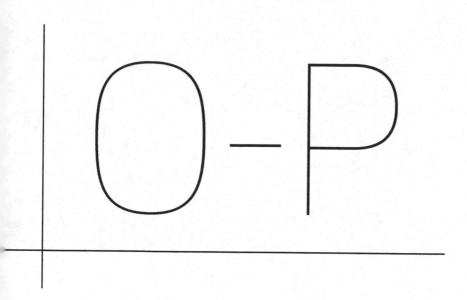

Oligopol

1. *Begriff:* Marktform, bei der auf der Seite des Angebots und/oder der Nachfrage nur wenige relativ große Verkäufer bzw. Käufer auftreten (Angebotsoligopol, Nachfrageoligopol bzw. bilaterales Oligopol). Im Fall von nur zwei Verkäufern spricht man von *Dyopol (Duopol)*. Da eine Abgrenzung zwischen vielen und wenigen Anbietern nicht möglich ist, wird das Vorliegen einer oligopolistischen Interdependenz bzw. Reaktionsverbundenheit als Abgrenzungskriterium verwendet. Insofern gehen in die Gewinnfunktion des einzelnen Oligopolisten Größen ein, auf die er selbst keinen Einfluss ausüben kann. D. h. er muss seinen Gewinn unter Berücksichtigung der Aktionsparameter und der Reaktionen seiner Konkurrenten maximieren.

2. *Modelle:* Oligopol-Modelle unterscheiden sich allein durch die zugrunde gelegten Hypothesen über Verhaltens- und Reaktionsweisen der Konkurrenten.

Optimale Faktorallokation

Allokationsfunktion des Preises; Wettbewerbsfunktionen. Effiziente Produktion und optimale Faktorallokation liegen dann vor, wenn die Grenzrate der (technischen) Substitution zwischen zwei Faktoren gleich deren Grenzproduktivitätsverhältnis ist, welches wiederum der Faktorpreisrelation entsprechen muss.

Passive Diskriminierung

Besondere Ausprägung des Diskriminierungsverbots (§§ 19 II Nr. 5, 20 II GWB). Demnach darf ein marktbeherrschender oder marktstarker Nachfrager seine Marktstellung grundsätzlich nicht dazu ausnutzen, andere Unternehmen zur sachlich nicht gerechtfertigten Vorteilsgewährung zu veranlassen, es sei denn, die Aufforderung ist für das andere Unternehmen nachvollziehbar begründet und der geforderte Vorteil steht in einem angemessenen Verhältnis zum Grund der Forderung.

Polypol

1. *Begriff:* Marktform, die durch viele Anbieter und/oder Nachfrager charakterisiert ist (Anbieterpolypol, Nachfragerpolypol oder bilaterales Polypol). Das Polypol ist durch das Fehlen einer Interdependenz bzw. Reaktionsverbundenheit zwischen den Anbietern und/oder Nachfragern charakterisiert.

2. *Unterscheidung:*

a) Auf einem *vollkommenen Markt* können Anbieter oder Nachfrager aufgrund ihres geringen Marktanteils durch ihr Verhalten den Preis nicht beeinflussen; sie verhalten sich daher als *Mengenanpasser* (Preis = Datum, Menge = Aktionsparameter; vollkommene Konkurrenz).

b) Auf *unvollkommenen Märkten* herrscht monopolistische Konkurrenz.

Pool

1. *Kartell höherer Ordnung,* bei dem zusätzlich zu Vereinbarungen über Konditionen, Preise und Angebots- oder Produktionsmengen eine schlüsselmäßige Verteilung der zentral erfassten Gewinne erfolgt. Meist in der Rechtsform einer GmbH, jedoch auch ohne eigene Rechtspersönlichkeit als Gewinngemeinschaft oder besonderes Gewinnverteilungs-Kartell.

2. *Zusammenfassung von Beteiligungen,* z. B. zwecks einheitlicher Geltendmachung von Aktionärsrechten (besonders Stimmrechtsbindungen). Poolung des Effektenbesitzes interessierter Aktionäre zur Beherrschung eines Unternehmens.

Potenzieller Wettbewerb

1. *Begriff:* Der potenzielle Wettbewerb stellt darauf ab, dass das wettbewerbliche Verhalten von Unternehmen nicht nur durch die Existenz tatsächlicher Konkurrenten auf dem relevanten Markt beeinflusst wird, sondern auch durch einen möglichen Markteintritt potenzieller Konkurrenten.

Ein solcher Markteintritt kann erfolgen durch: räumliche Erweiterung *(Market Extension);* produktmäßige Erweiterung *(Product Extension)* durch etablierte Unternehmen in Form externer bzw. interner Diversifikation in einen anderen Markt oder Neugründung eines Unternehmens.

Von Neugründungen dürfte dabei der geringste Wettbewerbsdruck auf etablierte Unternehmen ausgehen. Der Markteintritt potenzieller Konkurrenten hängt von deren Gewinnerwartungen nach erfolgtem Marktzutritt ab, die besonders von der Höhe der *Marktschranken* bestimmt werden.

2. *Marktaustritts- (MAS) und Marktzutrittsschranken (MZS):*

a) MZS stellen aus der Sicht der potenziellen Konkurrenten (von den etablierten Unternehmen bereits investierte) *Kosten* dar, die ihre Gewinnerwartungen im Hinblick auf einen möglichen Marktzutritt schmälern (Chicago School; Stigler).

b) *Unterscheidung:* MZS können als eine extern vorgegebene Größe oder als verhaltensbedingte Komponente gesehen werden; dementsprechend unterscheidet man *strukturelle und strategische MZS.* Darüber hinaus muss unterschieden werden, ob die strukturellen oder strategischen Marktschranken *privat oder vom Staat* veranlasst worden sind.

(1) Bei den *privaten MZS* kann zwischen strukturellen und strategischen Schranken unterschieden werden:

(a) Bain unterscheidet drei *strukturelle MZS: Produktdifferenzierungsvorteile* (Product Differentiation Advantages of Established over Potential Entrant Firms), *Betriebsgrößenvorteile* (Economies of Scale Production) und *absolute Kostenvorteile* (Absolute Cost Advantages of Established over Potential Entrant Firms).

Auch einzelne *Marktphasen* können strukturelle Marktzutrittsschranken darstellen. Die Aufnahmefähigkeit des Marktes ist in der Experimentier- und Expansionsphase höher als in der Ausreifungs- und Stagnationsphase.

(b) *Strategische MZS* können nach der Art der eingesetzten Aktionsparameter unterschieden werden: Unternehmen, die eine *Limitpreisstrategie* betreiben, setzen den Preis so niedrig, dass es sich für den Newcomer nicht lohnt, in den Markt einzutreten; mithilfe einer *Überkapazitätsstrategie* können etablierte Unternehmen zusätzliche Nachfrage schneller und möglicherweise kostengünstiger befriedigen als Newcomer, die dadurch vom Marktzutritt abgehalten werden; durch eine *Produktdifferenzierungsstrategie* kann potenziellen Konkurrenten der Marktzutritt dadurch erschwert werden, dass die etablierten Unternehmen möglichst viele Produktvarianten anbieten und damit die Marktchancen für neue Produktvarianten einschränken (Schließen der Marktnischen); durch *vertikale Bindungen* kann potenziellen Konkurrenten der Zugang zu Zulieferoder Absatzmärkten erschwert werden. Potenzielle Konkurrenten können schließlich durch MAS *(Barriers to Exit)* vom Marktzutritt abgehalten werden.

(c) *Strukturelle MAS* bestehen dann für ein nach Gewinnmaximierung strebendes Unternehmen, wenn sich die für einen speziellen Markt benötigten Kapitalgüter im Produktionsprozess nicht amortisieren und wenn der Liquidationserlös bzw. der Alternativertrag (Opportunitätskosten) der Kapitalgüter bei Marktaustritt zu einem Wert führen würde, der geringer ist als die beim Marktzutritt zugrunde gelegten Kosten der in dieser bestimmten Verwendung gebundenen Ressourcen (sogenannte *Sunk Costs*). Sunk Costs wirken insofern als MZS, als sie Kosten darstellen, die zwar ein Newcomer beim Markteintritt zu beachten hat, nicht aber das etablierte Unternehmen, welches diese Ausgaben bereits in der Vergangenheit unwiederbringlich getätigt hat (Irreversibilität der Kosten).

(d) *Strategische MAS* können für ein etabliertes Unternehmen auch darin bestehen, dass es z. B. aus Gründen der Imagepflege, der Vermarktungsmöglichkeiten oder des Zugangs zu den Finanzmärkten dem Verbleib im Markt eine höhere strategische Bedeutung zumisst als der Profitrate, die es in diesem Markt erzielt. Die Kenntnis dieser Austrittsbarrieren kann potenzielle Konkurrenten trotz niedrigerer struktureller und strategischer MZS vom Markt fernhalten.

(2) Neben den Markteintritts- bzw. Marktaustrittsschranken, die direkt aus den Entscheidungen der Wirtschaftssubjekte resultieren, gibt es auch *Marktschranken*, die ihre Ursache in den *vom Staat* gesetzten rechtlichen Rahmenbedingungen des Wirtschaftens bzw. in konkreten Maßnahmen staatlicher Wirtschaftspolitik haben.

(a) Staatliche *Marktschranken struktureller Art* sind z. B. das Patentrecht oder im Hinblick auf den Marktaustritt Vorschriften über Sozialpläne für die Beschäftigten eines Unternehmens im Insolvenzfall.

(b) Staatliche *Marktschranken strategischer Art* sind z. B. die Regulierung des Marktzutritts im Verkehrswesen oder eine Moral-Suasion-Politik im Fall drohender Entlassungen von Arbeitnehmern (bei Großunternehmen mit einer hohen Zahl an Arbeitsplätzen).

Die verschiedenen Formen der privaten und staatlichen Marktzutritts- bzw. Marktaustrittsschranken lassen sich systematisch darstellen (vgl. Abbildung „Potenzieller Wettbewerb – Synopsis der verschiedenen Marktschranken").

Potenzieller Wettbewerb – Synopsis der verschiedenen Marktschranken

	Private Marktschranken	Staatliche Marktschranken
Marktzutrittsschranken:		
– strukturelle	Betriebsgrößenvorteile, absolute Kostenvorteile, Produktdifferenzierungsvorteile	Industriepolitik, z. B.: – Handels- und Gesellschaftsrecht – Patent- und Lizenzsystem – Fusionskontrolle (z. B. Verbot des Marktzutrittes für ein den Markt beherrschendes Unternehmen)
– strategische	z. B. Limit Pricing, Überkapazitätsstrategie, Produktdifferenzierungsstrategie, Gesamtumsatzrabatte, vertikale Bindungen	spezielle Industriepolitiken, z. B.: – Subventionen für einzelne Unternehmen – Regulierung des Marktzutritts (im Verkehr) – Verbot unerwünschter Fusionen im Einzelfall (z. B. zwecks Abwehr ausländischer Unternehmen)
Marktaustrittsschranken:		
– strukturelle	z. B. Sunk Costs im Falle dauerhafter und hoch spezialisierter Anlagenwerte oder von Vertragsstrafen bei Produktionseinstellung	z. B. Vorschriften über Sozialpläne für die Beschäftigten eines Unternehmens im Falle des Konkurses
– strategische	Verbleiben am Markt z. B. aus Gründen der Imagepflege, der Vermarktungsmöglichkeiten oder des Zugangs zu Finanzmärkten	z. B. Moral Suasion im Falle eines drohenden Konkurses und daraus resultierender Entlassung von Arbeitnehmern

(3) Die *Bedeutung des potenziellen Wettbewerbs* wird in dem von Baumol, Panzar und Willig entwickelten Konzept der *Contestable Markets* hervorgehoben. Danach zwingt die potenzielle Konkurrenz die etablierten Unternehmen zu einem Marktverhalten, das unabhängig von der Marktstruktur Pareto-optimale Marktergebnisse erwarten lässt. Dies setzt allerdings voraus, dass Marktzutritt und Marktaustritt frei und damit kostenlos sind und dass die Nachfrager auf einen Markteintritt schneller reagieren als die etablierten Unternehmen mit Abwehrstrategien. Diese

Annahmen ermöglichen es potenziellen Konkurrenten, die über profitable Preisunterbietungsmöglichkeiten verfügen, jederzeit auf den Markt zu drängen und kurzfristig hohe Gewinne zu erzielen, um dann nach erfolgter Reaktion der etablierten Unternehmen den Markt wieder kostenlos zu verlassen (Hit-and-Run-Strategie).

Die Contestability von Märkten hängt allerdings entscheidend von dem Fehlen von Marktzutritts- und Marktaustrittsschranken ab, weshalb Shepherd das Konzept der Contestable Markets als ein bloßes „Gedankenexperiment" charakterisiert hat. Das Konzept ist von der Chicago School of Antitrust Analysis dazu benutzt worden, um die Konzentration als in erster Linie produktiv und nur in Ausnahmefällen wettbewerbsbeschränkend zu charakterisieren, da auch bei Fehlen von tatsächlichen Wettbewerbern infolge eines völlig freien Marktzu- und Marktaustritts ausreichender potenzieller Wettbewerbsdruck herrsche.

Preisbindung zweiter Hand

Vertikale Preisbindung; ein Hersteller verpflichtet seine Abnehmer, die von ihm gelieferte Ware nur zu dem von ihm festgelegten Preis weiter zu veräußern. Vertikale Fest- oder Mindestpreisbindungen zulasten des Käufers fallen unter das Verbot des § 1 GWB und des Art. 101 I AEUV. Da es sich um Kernbeschränkungen handelt, ist keine Freistellung gemäß der Vertikal-GVO möglich. Es verbleibt die Möglichkeit zur Einzelfallbeurteilung nach § 2 GWB und Art. 101 III AEUV. Ausnahmen vom Kartellverbot sind im deutschen Kartellrecht nach § 30 GWB für vertikale Preisbindungen bei Zeitungen und Zeitschriften sowie nach § 28 II GWB für vertikale Preisbindungen betreffend die Sortierung, Kennzeichnung oder Verpackung von landwirtschaftlichen Erzeugnissen vorgesehen.

Preisempfehlung

Unverbindliche Preisempfehlung.

1. *Begriff:* Eine nicht auf vertraglicher Bindung beruhende, lockere, aber in den praktischen Auswirkungen einer solchen Bindung oft der Preisbindung zweiter Hand gleichkommende Art der Preisbeeinflussung durch den Hersteller.

2. *Formen:*

a) *Händler-Preisempfehlung:* Hersteller (seltener Großhändler) schlagen den Einzelhändlern – meist in Preislisten – die Wiederverkaufspreise vor; dem Konsumenten sind diese in der Regel nicht bekannt.

b) *Verbraucher-Preisempfehlung:* Hersteller empfehlen offen den Wiederverkaufspreis, meist durch Aufdruck auf der Ware.

3. *Zweck:* Hersteller versuchen ein in etwa einheitliches Preisniveau für ihre Produkte zu erreichen, um bei den Konsumenten vorhandene Preis-Qualitätsvorstellungen nicht zu gefährden. Handelsbetriebe akzeptieren Preisempfehlung als Kalkulationshilfe oder nutzen diese für gezielte Preisunterbietungen.

4. *Kartellrechtliche Beurteilung:* Soweit man einer Preisempfehlung überhaupt eine spürbare wettbewerbsbeschränkende Wirkung beimisst, ist sie gemäß Vertikal-GVO bis zu einem Marktanteil des Lieferanten sowie des Abnehmers (Händlers) von jeweils 30 Prozent vom Verbot des § 1 GWB und des Art. 101 I AEUV gruppenfreigestellt. Davon ausgenommen sind solche Preisempfehlungen, die sich faktisch wie Fest- oder Mindestpreise auswirken, etwa weil der Lieferant seine Preisempfehlung mithilfe von Druckausübung oder der Gewährung von Anreizen durchsetzt.

Preisinformations-System

Open Price System; System der internen Preis- und Marktinformation der Mitglieder eines Unternehmerverbandes.

1. *Formen:*

a) In der *lockeren Form* des Preisinformations-Systems senden die Verbände regelmäßig „Preisberichte", „Preisstatistiken", „Preisspiegel", „Marktinformationen" und Ähnliches, soweit ihnen die Preise, Zahlungs- und Lieferungsbedingungen bekannt werden, an ihre Mitglieder.

b) In der *straffen Form* des Preisinformations-Systems verpflichten sich die Mitglieder durch Preis- oder Marktinformationsverträge, einer Zentralstelle *(Preismeldestelle)* ihre jeweiligen Preise, Zahlungs- und Lieferbedingungen sowie alle Abweichungen von diesen Preisen zu melden. Jedes Mitglied erhält von der Stelle jede Auskunft aus dem gesammelten Material. Eine Bindung oder Empfehlung, sich an diese Preise zu halten, besteht nicht.

2. *Rechtliche Beurteilung:* Nach der Rechtsprechung verstoßen sogenannte identifizierende Preisinformations-Systeme (d. h. das Mitglied wird namentlich genannt) gegen das Kartellverbot, da die erhöhte Reaktionsverbundenheit durch den Verzicht auf Geheimwettbewerb mit Preisen und Rabatten vorstoßende Wettbewerbshandlungen erschwert.

Preiskartell

Vereinbarung selbstständiger Unternehmen über Preise. Preiskartelle verstoßen durch die hervorgerufene Wettbewerbsbeschränkung gegen § 1 GWB und Art. 101 I AEUV.

Sonderform: Submissionskartell.

Preisüberwachung

Form staatlicher Preispolitik in Gestalt einer ständigen Preiskontrolle, angewandt bei nicht zu umgehenden Monopolformen oder sonstigen nicht im vollen Wettbewerb stehenden Formen des Marktes (Kriegswirtschaft und sonstige Mangelwirtschaft).

Beispiel: Regulierungsbehörden bei Netzwerkmonopolen.

Im Rahmen der Missbrauchsaufsicht über marktbeherrschende Unternehmen ist eine Kontrolle unter anderem von sehr stark überhöhten Preisen vorgesehen.

Preiswettbewerb

Gewährleistet im Gegensatz zu anderen Formen des Wettbewerbs (Nichtpreiswettbewerb) in weitem Maße die Ausrichtung aller wirtschaftlichen Tätigkeit nach dem ökonomischen Prinzip (Wirtschaftlichkeitsprinzip). Ein wirksamer Preiswettbewerb kann in der Regel als notwendige Voraussetzung zur Erreichung des Zielkatalogs des Wettbewerbs angesehen werden. In der Realität besitzt der Preiswettbewerb allerdings häufig nicht die Bedeutung, die ihm in der Wettbewerbstheorie beigemessen wird.

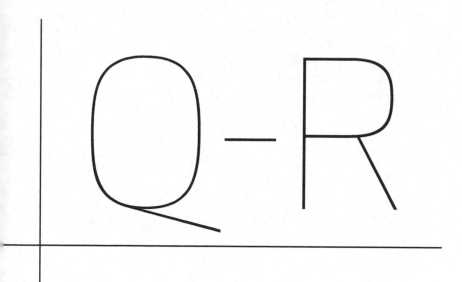

Quote

Anteil bzw. Verhältnisteil, der jeweils festgesetzt wird oder sich nach einer Verhältnisrechnung ergibt.

Die Festlegung der Quote ist bei hochorganisierten Kartellen und *Syndikaten* wichtig. Sie umfasst die Produktmenge, die von den einzelnen Kartell- und Syndikatsmitgliedern in einem bestimmten Zeitabschnitt produziert werden darf.

Quotenkartell

Ein Kartell, bei dem der Absatz einheitlich organisiert ist. Die Kontingentierung kann erfolgen:

(1) als *Auftragsverteilung:* Sammlung der Bestellungen an einer zentralen Stelle, die sie nach vereinbartem Schlüssel (Quote) auf die Beteiligten umlegt;

(2) als *Angebotsverteilung:* Je nach Marktlage und Kapazität werden die anzubietenden oder zu verkaufenden Mengen reguliert. Verstößt gegen § 1 GWB und Art. 101 I AEUV.

Rabattkartell

Kartell zur Festlegung einheitlicher Funktions-, Umsatz- oder Mengenrabatte. Rabattkartelle weisen einen engen Bezug zu Preiskartellen auf und sind ebenso wie diese nach § 1 GWB und Art. 101 I AEUV verboten.

Rationalisierungskartell

Kartell zur Rationalisierung wirtschaftlicher Vorgänge in den Bereichen Finanzierung, Investition, Einkauf, Produktion und Absatz.

Rationalisierungskartelle verstoßen potenziell gegen das Verbot des § 1 GWB und Art. 101 I AEUV. Die genaue *wettbewerbsrechtliche Beurteilung* hängt unter anderem von den Beteiligten sowie vom jeweiligen Gegenstand der Rationalisierung ab. So können sich Freistellungsmöglichkeiten beispielsweise aus der Technologietransfer-GVO oder aus der Spezialisierungs-GVO (Verordnung (EU) Nr. 1218/2010 der Kommission vom 14.12.2010 über die Anwendung von Art. 101 III des Vertrages über die Arbeitsweise der Europäischen Union auf bestimmte Gruppen von Spezialisierungsvereinbarungen, ABl. L 335 vom 18.12.2010, S. 43; Spezialisierungskartell als Sonderform eines Rationalisierungskartells) ergeben. Hinsichtlich nicht gruppenfreigestellter Rationalisierungsvereinbarungen zwischen Wettbewerbern sind Legalisierungsmöglichkeiten insbesondere anhand der „Leitlinien zur Anwendbarkeit von Art. 101 des Vertrages über die Arbeitsweise der Europäischen Union auf Vereinbarungen über horizontale Zusammenarbeit" (ABl. C 11 vom 14.1.2011, S. 1) der Europäischen Kommission zu prüfen. Ein Rationalisierungskartell unter Beteiligung kleiner und mittlerer Unternehmen, das keine spürbaren Auswirkungen auf den Gemeinsamen Markt hat, kann auf Grundlage des § 3 GWB als Mittelstandskartell vom Kartellverbot freigestellt sein.

Rechtsmittel

Förmliche, gesetzlich zugelassene Rechtsbehelfe mit dem Ziel der Überprüfung der Entscheidung durch eine höhere Instanz.

Kartellrecht: § 63 (Beschwerde gegen Verfügungen der Kartellbehörde) und § 74 GWB (Rechtsbeschwerde gegen Beschluss des Oberlandesgerichts).

Regulierung

Staatliche Regulierung.

I. Allgemein

Regulierung bezeichnet Verhaltensbeeinflussung von Unternehmen und Konsumenten durch gesetzgeberische, meist marktspezifische Maßnahmen mit dem Ziel der Korrektur bzw. Vermeidung von vermutetem Marktversagen, z.B. zur Verhinderung monopolistischen Machtmissbrauchs und ruinöser Konkurrenz. Regulierung bezieht sich im Wesentlichen auf Marktzugang, Preise, Qualität und Konditionen sowie auf den Kontrahierungszwang.

Typische Regulierungsmaßnahmen sind Produktionsauflagen, Qualitätsstandards bei Produkten und Dienstleistungen, Ausnahmen vom Wett-

bewerbsgesetz, Berufsordnungen sowie Vorschriften der Preis- und Tarif-
gestaltung.

In der *Bundesrepublik Deutschland* ist neben weiteren staatlichen Einrich-
tungen insbesondere die Bundesnetzagentur in den Bereichen Elektrizität,
Gas, Post, Eisenbahn und Telekommunikation regulierend tätig.

II. Strukturpolitik

1. *Begriff:* Einschränkungen der Gewerbefreiheit (Vertragsfreiheit), die für
bestimmte Märkte oder für Gruppen von Unternehmen gelten. Regulierung ist insofern von allgemeinen ordnungsrechtlichen Rahmensetzungen
(z.B. Gewerbeordnung) abzugrenzen. Aus wettbewerbspolitischer Sicht
handelt es sich um Ausnahmebereiche des Wettbewerbsrechts, da für
die regulierten Sektoren oder Märkte Sonderordnungen geschaffen werden.

2. *Begründungen:* Die Einrichtung von Sonderordnungen wird entweder
damit begründet, dass auf einem bestimmten Markt oder in einem Wirt-
schaftsbereich Wettbewerb nicht funktionieren kann, weil Bedingungen
eines natürlichen Monopols vorliegen, oder dass ein unbeschränkter
Wettbewerb zu volkswirtschaftlich oder gesellschaftspolitisch unerwünschten Konsequenzen führen könnte. Im ersten Fall (z.B. leitungsgebundene Energieversorgung) dient die Regulierung dem Schutz vor miss-
bräuchlicher Ausnutzung der monopolistischen Anbieterposition. Im
zweiten Fall kann es z.B. darum gehen, ruinöse Konkurrenz zwischen Anbietern auf einem Markt mit beschränkter Nachfrage zu verhindern oder
den Schutz der Verbraucher zu gewährleisten, wenn die Nachfrageseite
gegenüber der Angebotsseite (praktisch) nicht behebbare Informations-
defizite aufweist.

3. *Formen:*

a) *Regulierung des Marktzutritts,* z.B. Konzessionsvergabe im Güterfern-
verkehr (Ziel ist hier die Vermeidung ruinöser Konkurrenz); Zulassung
zum Geschäftsbetrieb bei Banken und Versicherungen (Ziel ist hier die
Gewährleistung von Sachkunde und einer verantwortlichen Unternehmensleitung).

b) *Preisregulierungen,* z. B. Tarif- oder Gebührenordnungen, Höchstpreis-verordnungen.

c) *Verhaltensregulierungen* zur Sicherung eines ordnungsgemäßen Geschäftsbetriebs, z. B. Vorschriften seitens der Banken- und Versicherungsaufsicht, die im Interesse des Verbraucherschutzes erlassen werden.

4. *Träger der Regulierung:* Regulierung wird durch Fachbehörden auf Bundes- oder Landesebene ausgeübt (z. B. Bundesanstalt für Finanzdienstleistungsaufsicht, Bundesnetzagentur).

5. *Umfang und Bedeutung:* Traditionell stark regulierte Wirtschaftsbereiche sind die Energie- und Verkehrswirtschaft, die Telekommunikation, die Finanzdienstleistungen (einschließlich Bankenregulierung) und die Landwirtschaft. Maßnahmen der Regulierung können ein wichtiges Instrument der sektoralen Strukturpolitik sein. Das heute erreichte Ausmaß der Regulierung wird aber zunehmend kritisch beurteilt und zumindest teilweise als effizienzmindernd angesehen. Die Praxis hat zudem gezeigt, dass die Aufhebung von Regulierung (Deregulierung), z. B. im Telekommunikationsbereich, zu Produktivitätssteigerungen führen kann, ohne die möglichen negativen Effekte auszulösen, deren Vermeidung der ursprüngliche Anlass für die Einführung einer Regulierung war. Ein prominentes Beispiel, das gegen die Aufhebung und die damit verbundenen wohlfahrtssteigernden Wirkungen bestehender Regulierungsvorschriften spricht, ist die Regulierung der Finanzmärkte und des Interbankenmarktes zur Vermeidung weiterer Finanzmarktkrisen.

Relevanter Markt

1. *Begriff* der Wettbewerbstheorie zur Abgrenzung einer Gruppe von Anbietern bzw. Nachfragern derart, dass von den nicht zur Gruppe gehörenden Anbietern bzw. Nachfragern keine oder nur zu vernachlässigende Einflüsse auf das wettbewerbliche Verhalten innerhalb der Gruppe ausgehen.

2. Methodisch sind verschiedene *Ansätze zur Abgrenzung* einer derartigen Tauschgruppe entwickelt worden:

a) Das *Industriekonzept* von Marshall stellt auf die physikalisch-technische Homogenität (wie z. B. in Produktionsstatistiken) ab und vernachlässigt den für Preisbildungsprozesse maßgeblichen Gesichtspunkt der subjektiven Substituierbarkeit von Gütern.

b) Das *Substitutionskonzept* und seine verschiedenen Ausprägungen: Im Rahmen dieses Konzepts sind methodisch verschiedene Ansätze entwickelt worden, um die Grenzen einer Tauschgruppe zu bestimmen:

(1) Die *Theorie der Substitutionslücke* (Robinson) sieht alle Güter in totaler Konkurrenz um die Kaufkraft der Konsumenten. Diese Kette von Substituten werde jedoch durch sogenannte Substitutionslücken unterbrochen, die zu eigenen relevanten Märkten führen.

(2) Das *Bedarfsmarktkonzept* von Arndt und Abbott stellt auf Güter ab, die nach der subjektiven Auffassung der Nachfrager dazu geeignet sind, einen bestimmten gesellschaftlichen Bedarf zu decken.

(3) Das *Konzept der externen Interdependenz* (Triffin) ordnet alle Unternehmen einem Markt zu, die durch gegenseitige Abhängigkeit beim Verkauf verbunden sind. Triffin will diese Beziehungen quantitativ mit einem Koeffizienten erfassen, der formal der Kreuzpreiselastizität des Angebots entspricht, jedoch die relative Veränderung der nachgefragten Menge bei *irgendeinem* Anbieter *i* und der sie bewirkenden relativen Veränderung des geforderten Preises *eines bestimmten* Anbieters *j* ausdrückt.

Die verschiedenen Substitutionskonzepte haben alle als gemeinsame Wurzel die Substitutionsbeziehung der von Unternehmen erzeugten Gütern, wobei die Abgrenzung teils aus der Sicht der Nachfrager, teils aus der Sicht der Anbieter vorgenommen wird.

c) Die *räumliche Marktabgrenzung* findet man besonders bei transportintensiven Gütern (z. B. Baustoffe) oder im Dienstleistungsgewerbe; dort entstehen sogenannte *Kettenoligopole*, d. h. jeder Anbieter steht unter Berücksichtigung der räumlichen Präferenzen mit *anderen* Anbietern in Konkurrenz. Der räumlich relevante Markt ist insofern zum Teil sehr eng (Einzelhandel) abzugrenzen oder kann angesichts der geringen Bedeutung der Transportkosten den Weltmarkt umfassen (z. B. Schiffs- oder Flugzeugbau).

d) Die *zeitliche Marktabgrenzung* besagt, dass Anbieter und Nachfrager einem relevanten Markt angehören, wenn sie zum selben Zeitpunkt zum Leistungsaustausch bereit sind.

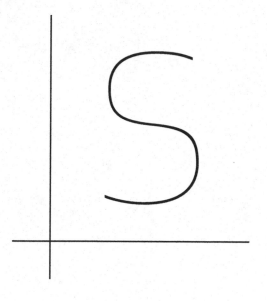

© Springer Fachmedien Wiesbaden GmbH, ein Teil von Springer Nature 2019
Springer Fachmedien Wiesbaden (Hrsg.), *180 Keywords Wettbewerbsrecht*,
https://doi.org/10.1007/978-3-658-23650-2_13

Sanierungsfusion

Verschmelzung (Fusion) aus wirtschaftlichem Grund (Sanierung). Keine Ausnahme von der Fusionskontrolle, kann aber eine Ministererlaubnis nach § 42 GWB rechtfertigen, mit der sich der Bundesminister für Wirtschaft und Energie über eine Untersagungsverfügung des Bundeskartellamts hinwegsetzt. Die Sanierung des Zielunternehmens müsste dann auf keinem anderen Weg als über die angemeldete Fusion möglich und im überragenden Interesse der Allgemeinheit sein. Ferner müsste die mit dem Zusammenschluss verbundene, vom Bundeskartellamt festgestellte Wettbewerbsbeschränkung von den gesamtwirtschaftlichen Vorteilen des Zusammenschlusses (hier: Erhalt des Zielunternehmens) aufgewogen werden.

Schadensersatzpflicht

Pflicht zum Ersatz des durch einen fahrlässigen oder vorsätzlich begangenen Verstoß gegen deutsches oder europäisches Kartellrecht oder eine Verfügung der Kartellbehörde entstandenen Schadens durch den Verursacher (§ 33a GWB). Für die Bemessung des Schadens gilt § 287 ZPO. Der Entscheidung in einem Kartellverwaltungsverfahren, das das kartellwidrige Verhalten bereits zum Gegenstand hatte, wird im Zivilprozess Tatbestandswirkung zugewiesen (§ 33b GWB). Hierdurch wird die Durchsetzung zivilrechtlicher Ansprüche erleichtert. Im Zuge der 9. GWB-Novelle wurden zur nationalen Umsetzung der EU-Schadensersatzrichtlinie 2014/104/EU weitere Details des Kartellschadensersatzes neu geregelt, so die Schadensabwälzung (§ 33c GWB), die gesamtschuldnerische Haftung (§ 33d GWB), die Behandlung von Kronzeugen (§ 33e GWB), die Wirkungen des Vergleichs (§ 33f GWB), der Anspruch auf Herausgabe von Beweismitteln und Erteilung von Auskünften (§ 33g GWB) sowie die Verjährung (§ 33h GWB).

Sektoruntersuchung

Befugnis der Kartellbehörde zur Untersuchung eines bestimmten Wirtschaftszweiges oder – sektorübergreifend – einer bestimmten Art von Vereinbarungen (§ 32e GWB). Voraussetzung ist, dass starre Preise oder andere Umstände vermuten lassen, dass der Wettbewerb eingeschränkt

oder verfälscht ist. Der Kartellbehörde stehen hierfür die gleichen Ermitt-
lungs-, Beweiserhebungs- und Auskunftsrechte zu wie in normalen Kar-
tellund Missbrauchsverfahren, denen ein konkreter Anfangsverdacht
zugrunde liegt. Die Kartellbehörde kann einen Bericht über die Ermitt-
lungsergebnisse vorlegen und Dritte um eine Stellungnahme ersuchen.
Das Bundeskartellamt hat bislang in folgenden Bereichen Sektoruntersu-
chungen durchgeführt: Außenwerbung, Heizstrom, Stromerzeugung und
-großhandel, Kraftstoffe, Milch, Erdgas, Fernwärme, Walzasphalt, Duale
Systeme, Nachfragemacht im Lebensmitteleinzelhandel, Submetering,
Zement und Transportbeton.

Seit der 9. GWB-Novelle erstreckt sich die Untersuchungsbefugnis des
Bundeskartellamts auch auf erhebliche, dauerhafte oder wiederholte Verstöße gegen verbraucherrechtliche Vorschriften, die nach ihrer Art oder
ihrem Umfang die Interessen einer Vielzahl von Verbrauchern beeinträchtigen. Voraussetzung ist, dass die Durchsetzung der betroffenen verbrau-
cherrechtlichen Vorschriften nicht in die Zuständigkeit anderer Bundes-
behörden fällt (vgl. § 32e V GWB).

Servicewettbewerb

Unter Service versteht man Dienstleistungen eines Herstellers oder
Händlers, die er seinem Abnehmer entweder im Zusammenhang mit
dem Kauf eines Produktes oder davon unabhängig als eigenes Gut an-
bietet. Service (z. B. Verkaufsberatung, Garantieleistungen) kann im
Zusammenhang mit dem Kauf eines Produktes gesehen werden
(Bundle Theory). Insoweit steht der Service in engem Zusammenhang
mit der Produktqualität und wirft im Hinblick auf die Steuerung des
Wettbewerbsprozesses die gleichen Probleme wie der Qualitätswett-
bewerb auf (Transparenz, Rechenbarkeit und Verzögerungen bei der
Anpassung). Davon unterschieden werden muss der Service, der unabhängig von dem Kauf eines Produktes vom Verkäufer oder von
selbstständigen Serviceunternehmen angeboten wird (z. B. technischer Kundendienst). Insoweit ist Service unabhängig von der Produktqualität. Service bekommt dann den Charakter eines selbstständigen Gutes, für welches mit Preis, Qualität und Werbung Wettbewerb
betrieben werden kann.

Servicewettbewerb steht in engem Zusammenhang mit der Art der Güter. Er spielt nur eine Rolle bei technisch komplizierten Investitions- und Gebrauchsgütern sowie bestimmten Dienstleistungen (z. B. Banken und Versicherungen) und ist insofern – abgesehen von seiner Intensität – unabhängig von Marktform und Marktphase.

Sherman Act

US-amerikanisches Gesetz gegen Kartelle und den Missbrauch von Monopolstellungen im Wirtschaftsleben aus dem Jahre 1890. Von Senator Sherman eingebracht und nach ihm benannt. Führte zu teilweise spektakulären Entflechtungen, z. B. bei General Electric und Standard Oil.

Zweck: Schutz der in der amerik. Verfassung garantierten individuellen Freiheitsrechte und Bewahrung des freien Wettbewerbs.

Ergänzung des Sherman Act 1914 durch den Clayton Act und den Federal Trade Commission Act.

Sozialdarwinismus

Bezeichnung für eine soziologische Erklärung gesellschaftlicher und wirtschaftlicher Entwicklung, nach der sich im gesellschaftlichen und wirtschaftlichen Wettbewerb nur derjenige durchsetzen kann, der mit den sich ändernden Umweltbedingungen durch seine biologischen Anlagen oder Ausstattung am besten fertig wird, während die Nicht-Anpassungsfähigen eliminiert werden (Selektion). Indem die Überlebenden als biologisch Tauglichste (Survival of the Fittest) bezeichnet werden, erfolgt eine Rechtfertigung der bestehenden gesellschaftlichen und ökonomischen Verhältnisse.

Spezialisierung

Im Rahmen der Spezialisierung werden die in einem System anfallenden Aufgaben in der Art und Weise (neu) verteilt, dass eine Optimierung der Arbeitsabläufe eintritt.

Wettbewerbsrecht: Spezialisierungskartell.

Spezialisierungskartell

Kartell mit dem Ziel der Konzentration der beteiligten Unternehmen auf eine bestimmte Produktion bzw. auf die Erbringung bestimmter Dienstleistungen zu Rationalisierungszwecken. Die beteiligten Unternehmen gehen dabei arbeitsteilig vor, d. h. die Gesamtheit der Unternehmen behält ihr bisheriges Leistungsprogramm bei. Nach der „Verordnung (EU) Nr. 1218/2010 vom 14.12.2010 über die Anwendung von Art. 101 III des Vertrages über die Arbeitsweise der Europäischen Union auf bestimmte Gruppen von Spezialisierungsvereinbarungen" (ABl. L 335, S. 43) sind Spezialisierungskartelle vom Verbot des Art. 101 I AEUV und § 1 GWB freigestellt, wenn der gemeinsame Marktanteil der Beteiligten 20 Prozent nicht überschreitet und die Spezialisierungsvereinbarung keine Kernbeschränkung des Wettbewerbs beinhaltet.

Strukturkrisenkartell

Kartell, das im Fall eines auf einer nachhaltigen Änderung der Nachfrage beruhenden Absatzrückgangs (Strukturkrise) zur Kapazitätsanpassung errichtet wird. Nach Wegfall der früheren Legalisierungsmöglichkeit (ehemals Erlaubniskartell nach § 6 GWB a.F.) ist eine mögliche Ausnahme vom Verbot des § 1 GWB und Art. 101 I AEUV im Einzelfall anhand des § 2 GWB und Art. 101 III AEUV zu beurteilen. Grundsätzlich kann Strukturkrisen aus wettbewerbsrechtlicher Sicht jedoch nur noch mittels wettbewerbskonformer Kooperationen mit dem Ziel der Effizienzsteigerung begegnet werden.

Submissionskartell

Sonderform eines Preiskartells, bei dem die angeschlossenen Unternehmungen vertraglich verpflichtet werden, bestimmte Vereinbarungen über Angebotspreise und -bedingungen bei öffentlichen Ausschreibungen einzuhalten. Verstößt gegen § 1 GWB und Art. 101 I AEUV sowie gegen § 298 StGB (strafbarer Submissionsbetrug).

Substitutionskonzept

1. *Begriff*: Bei der Abgrenzung des relevanten Marktes ist das Substituti-onskonzept von Bedeutung. Es drückt aus, ob zwei Güter Substitute in der Nachfrage sind oder nicht (komplementäre, indifferente oder neutrale Güter). Sind zwei Güter vollständige Substitute, dann ist der Wert der in-direkten Preiselastizität der Nachfrage bei diesen Werten positiv und endlich groß.

2. *Kritik*: Andere Bedingungen, wie z. B. die Produktions- und Kostenbedin-gungen, werden bei der Bestimmung der Beziehungen zwischen den Gü-tern vernachlässigt.

3. *Spezielle Ausprägung im Kartellrecht*: Sogenanntes Bedarfsmarktkon-zept. Demnach gehören all jene Güter und Dienstleistungen dem gleichen sachlich relevanten Markt an, die ein verständiger Verbraucher unter funktionellen, preislichen und sonstigen Gesichtspunkten als gegenseitig austauschbar ansieht.

Substitutionslücke

1. *Begriff*: Abgrenzung des relevanten Marktes.

Im Falle einer Substitutionslücke in der Nachfrage zwischen zwei Gütern, die in einem niedrigen Wert für die Kreuzpreiselastizität dieser Güter zum Ausdruck kommt, sind die betreffenden Märkte getrennt. Deshalb wer-den z. B. nur die Umsatzzahlen für Markt A bei der Vermutung der Markt-beherrschung im Markt A zugrunde gelegt.

2. *Kritik*: Verbindungen zwischen zwei Gütern, die auf technischen oder funktionellen Eigenschaften basieren, werden vernachlässigt.

Sunk Costs

Versunkene Kosten.

I. Wettbewerbstheorie und -politik

Potenzieller Wettbewerb, monopolistische Preisbildung.

II. Kostenrechnung

Teil der nicht relevanten Kosten, der sich aus den Istkosten vergangener

Perioden zusammensetzt, wie z. B. Kosten für in den Vorjahren erfolgte Markterschließungen oder Produktentwicklungen. Die traditionelle Vollkostenrechnung bezieht Sunk Costs mit in die Ermittlung der Stückkosten ein.

Syndikat

Kartell, bei dem die Verpflichtung der Vertragsbeteiligten durch gemeinsame Organisation (z. B. für den Einkauf oder für den Absatz) abgesichert ist.

Springer Fachmedien Wiesbaden (Hrsg.), *180 Keywords Wettbewerbsrecht*,
https://doi.org/10.1007/978-3-658-23650-2_14

Transaction Cost Economies

Transaktionskostenersparnisse.

1. *Begriff:* Transaction Cost Economies können entstehen, wenn bisher über Märkte abgewickelte Transaktionen, d.h. gegenseitige Übertragungen von Verfügungsrechten, in ein Unternehmen verlagert werden. Dabei wird davon ausgegangen, dass der Institution Unternehmung als Produktionsstätte Faktormärkte *vor-* und Absatzmärkte *nach*gelagert sind, wobei *drei Arten der Koordination* unterschieden werden können: Koordination, die über den Markt abläuft; Koordination innerhalb eines Unternehmens und Koordination durch Kooperation. Alle drei Arten der Koordination von Faktoren bzw. Gütern sind für die Unternehmen mit Kosten verbunden. Diese Kosten können im weiteren Sinne als Transaktionskosten verstanden werden. Ist nun eine „hierarchische" Koordination innerhalb einer Unternehmung (transaktions-)kostengünstiger durchzuführen als über den Markt, wird das eine Verlagerung ökonomischer Aktivitäten in das Unternehmen zur Folge haben. Die Einsparmöglichkeit von (Transaktions-) Kosten wird zu einem wesentlichen Motiv für die vertikale Integration bzw. für Unternehmenskonzentration, die damit organisationstheoretisch und nicht produktionstechnisch oder marktstrategisch erklärt wird.

2. *Wettbewerb und Transaction Cost Economies:* Der Integrationsprozess führt jedoch wegen der zunehmenden unternehmensinternen *Organisationskosten* nicht zu einer völligen Vermachtung der Märkte. Zunehmende Organisationskosten entstehen in einem wachsenden Unternehmen z.B. infolge von Drückebergerei, zunehmender Fehlallokation von Faktoren innerhalb der Unternehmung und kostenverursachenden Kompetenzstreitigkeiten. Schließlich werden sich mit der Zahl der übernommenen Markttransaktionen die Organisationskosten überproportional erhöhen. Coase spricht hierbei von „Decreasing Returns to the Entrepreneur Function".

3. Die *Grenzen einer Verlagerung von Transaktionen* und damit der vertikalen Integration können durch ein *Optimierungskalkül* abgesteckt werden. Danach werden Transaktionen über Märkte so lange durch Transaktionen innerhalb von Unternehmen substituiert, bis die Grenzkosten der Organisation innerhalb eines Unternehmens gleich den Grenzkosten der Trans-

aktion über Märkte sind. Ein solches Optimierungskalkül setzt allerdings voraus, dass die vertikale Integration nur zwecks Effizienzsteigerung erfolgt – und nicht, um z. B. tatsächlichen oder potenziellen Konkurrenten den Zugang zu vor- oder nachgelagerten Märkten zu erschweren. Angesichts der Tatsache, dass die vertikale Integration aufgrund verschiedener Motive erfolgt (z. B. Marktmacht, Effizienzsteigerung, Steuervermeidung oder Ausstieg aus der Mitbestimmung), kann sie nicht generell durch den Hinweis auf Transaktionskostenersparnisse gerechtfertigt werden; vielmehr muss im Zweifel eine Abwägung zwischen Effizienzvorteilen und Wettbewerbsnachteilen vorgenommen werden.

4. *Bedeutung:* Der Transaktionskostenansatz ermöglicht eine komparative Gegenüberstellung alternativer institutioneller Arrangements. Dabei wird zunehmend versucht, Faktoren zu isolieren, die organisationsspezifische Bedeutung bei der Auswahl des Koordinationsmechanismus haben und damit eine Entscheidungshilfe für die Wahl des effizienteren Mechanismus geben. Williamson als Vertreter der sogenannten *Governance-Richtung* unterscheidet drei wesentliche Dimensionen von Transaktionen: Den Grad der Spezifität der transaktionsbedingten Investition, die Unsicherheit der Transaktion und die Häufigkeit einer bestimmten Transaktion. Aus der Kombination verschiedener Ausprägungen dieser Dimensionen von Transaktionen ergibt sich für ihn – einen gewissen Grad an Unsicherheit unterstellt – eine Überlegenheit der marktlichen Koordinationsform im Fall regelmäßiger oder auch nur gelegentlicher unspezifischer transaktionsbedingter Investitionen. Dagegen sieht er die vertikale Integration als überlegene Koordinationsform bei regelmäßig wiederkehrenden, vollkommen transaktionsbedingten spezifischen Investitionen an. Das „Schema von Williamson" verdeutlicht die Zusammenhänge von *Investitionsspezifität, Transaktionshäufigkeit und Koordinationsstruktur.*

Transaction Cost Economies – Schema von Williamson

		Investitionsspezifität		
		unspezifisch	gemischt spezifisch	spezifisch
Trans-aktions-häufig-keit	gelegentlich	marktliche Koordination	Koordination zwischen den Vertragsbeteiligten unter Hinzuziehen einer Schiedsstelle zur Konfliktlösung (trilaterale Koordination)	
	regelmäßig		bilaterale Koordination	vertikale Integration (unternehmensinterne Koordination)

Die vertikale Integration wird häufig mit der Existenz von Transaction Cost Economies gerechtfertigt. Die deutsche Automobilindustrie hat allerdings in den 1990er-Jahren – unter dem Eindruck japanischer Erfahrungen – Zulieferbetriebe in erheblichem Umfang ausgegliedert und damit den Anteil der Eigenfertigung reduziert, um überhöhte Kosten abzubauen (sogenanntes Outsourcing). Diese Erfahrungen relativieren die Bedeutung von Transaktionskostenersparnissen.

Trust

Unternehmenszusammenschluss, bei dem die Aktionäre ihre Anteile an das Board of Trustees übertrugen, das so eine vollkommene Kontrolle über alle angeschlossenen Unternehmen besaß. Trusts wurden in den USA als Symbol unkontrollierter Macht angesehen. Der allgemeine Protest gegen Trusts führte 1890 zum Erlass des Sherman Act.

Überkreuzverflechtung

Personelle Verflechtung von Unternehmungen, besonders bei der AG.

Beispiel: Mitglieder des Vorstands einer Bank-AG werden in den Aufsichtsrat einer Industrie-AG berufen und umgekehrt (nach § 100 II S. 1 Nr. 3 AktG kann nicht mehr Mitglied des Aufsichtsrats einer AG sein, wer gesetzlicher Vertreter einer anderen Kapitalgesellschaft ist, falls deren Aufsichtsrat bereits ein Vorstandsmitglied der AG angehört).

Umsatzschwellen

§§ 35, 36 GWB; Begrenzung des Anwendungsbereichs der deutschen Fusionskontrolle auf Zusammenschlüsse von Unternehmen mit hinreichender wirtschaftlicher Bedeutung. Die ersten drei unternehmensbezogenen Umsatzschwellen (weltweite Umsatzerlöse aller beteiligten Unternehmen von mehr als 500 Mio. Euro, Inlandsumsätze je eines beteiligten Unternehmens von mehr als 25 bzw. 5 Mio. Euro; § 35 I GWB) dienen dazu, insgesamt oder zumindest in Deutschland wirtschaftlich unbedeutendere Zusammenschlüsse zur Entlastung der Unternehmen sowie auch des Bundeskartellamts fusionskontrollfrei zu stellen. Die vierte Umsatzschwelle ist ebenfalls unternehmensbezogen und zielt auf den Umsatz des Zielunternehmens einschließlich des Umsatz der mit diesem Unternehmen verbundenen Unternehmen (d.h. insbesondere des Veräußerers) ab, der mind. 10 Mio. Euro betragen muss („de minimis", § 35 II GWB). Hintergrund sind Bemühungen des Gesetzgebers, den „Generationswechsel" in kleinen, mittelständisch geprägten Unternehmen zu erleichtern und den Verkaufsprozess nicht durch bürokratische Erfordernisse zu behindern. Die fünfte Umsatzschwelle ist hingegen marktbezogen und schließt eine Untersagung für solche Zusammenschlüsse aus, bei denen die Untersagungsvoraussetzungen für einen Markt vorliegen, auf dem seit mind. fünf Jahren Waren und gewerbliche Leistungen angeboten werden und auf dem im letzten Kalenderjahr weniger als 15 Mio. Euro umgesetzt wurden („Bagatellmarkt", § 36 I Nr. 2 GWB). Grundgedanke ist wiederum eine Beschränkung der Anwendung der Fusionskontrolle auf Zusammenschlüsse mit hinreichender wirtschaftlicher Bedeutung.

Seit der 9. GWB-Novelle sind in bestimmten Fällen auch solche Fusionen der deutschen Zusammenschlusskontrolle unterworfen, bei denen die zweite Inlandsumsatzschwelle von 5 Mio. Euro weder vom zu erwerbenden Unternehmen noch von einem anderen beteiligten Unternehmen überschritten wird. Voraussetzung ist, dass der Wert der Gegenleistung für den Zusammenschluss (d.h. der vereinbarte Kaufpreis) mehr als 400 Mio. Euro beträgt und dass das zu erwerbende Unternehmen in erheblichem Umfang im Inland tätig ist (vgl. § 35 Ia GWB). In einer solchen Konstellation spricht der im Vergleich zu den Umsätzen des zu erwerbenden Unternehmens hohe Kaufpreis für dessen hohes Innovationspotential und damit auch hohes wettbewerbliches Marktpotential, mithin auch für potentiell spürbare wettbewerbliche Auswirkungen des Zusammenschlussvorhabens im Inland.

Unbillige Behinderung

Tatbestandsmerkmal des Diskriminierungsverbots (§§ 19 II Nr. 1, 20 I GWB). Unbillige Behinderung ist jedes Verhalten eines marktbeherrschenden oder marktstarken Unternehmens, das die wettbewerbliche Betätigungsfreiheit eines anderen Unternehmens nachteilig beeinflusst, ohne dass dies bei umfassender Interessenabwägung unter Berücksichtigung der auf die Freiheit des Wettbewerbs gerichteten Zielsetzung des

GWB gerechtfertigt erscheint. Beispiele für unbillige Behinderung sind der Einsatz der Finanzkraft unter Missachtung kaufmännischer Grundsätze (gezielte Preisunterbietung, Gewährung zusätzlicher Leistungen) zur Verdrängung der Wettbewerber sowie die Nichtbelieferung von Wettbewerbern oder Nicht-Wettbewerbern. Das Bundeskartellamt kann die unbillige Behinderung untersagen bzw. ein Bußgeld verhängen.

Untereinstandsverkäufe

Marktstarke Unternehmen dürfen gemäß § 20 III S. 2 Nr. 1 GWB Waren oder gewerbliche Leistungen jedenfalls nicht auf Dauer, sondern nur gelegentlich unter Einstandspreis verkaufen. Anderenfalls liegt aufgrund der davon ausgehenden Verdrängungswirkung eine unbillige Behinderung der kleinen und mittleren Wettbewerber vor. Der Einstandspreis ist dabei im Gesetz definiert als der zwischen dem Unternehmen mit überlegener Marktmacht und seinem Lieferanten vereinbarte Preis für die Beschaffung der Ware oder Leistung, auf den allgemein gewährte und im Zeitpunkt des Angebots bereits mit hinreichender Sicherheit feststehende Bezugsvergünstigungen anteilig angerechnet werden, soweit nicht für bestimmte Waren oder Leistungen ausdrücklich etwas anderes vereinbart ist (vgl. § 20 III S. 3 GWB).

Unterlassungsanspruch (Kartellrecht)

Anspruch von Mitbewerbern oder sonstigen Marktbeteiligten auf zukünftige Unterlassung eines sie schädigenden Verstoßes eines Dritten gegen deutsches oder europäisches Kartellrecht oder eine Verfügung der Kartellbehörde (§ 33 GWB). Voraussetzung ist eine tatsächliche Begehungsgefahr (Erstbegehungs- oder Wiederholungsgefahr). Ist die Beeinträchtigung bereits geschehen, jedoch noch gegenwärtig, besteht zugleich ein Beseitigungsanspruch.

Unternehmenskonzentration

I. Formen der Unternehmenskonzentration

1. Nach der *Art des Wachstums* von Betrieben oder Unternehmen ist zwischen internem und externem Wachstum zu unterscheiden. Das *interne*

Wachstum ist dadurch gekennzeichnet, dass ein Betrieb oder Unternehmen überproportional, d. h. schneller wächst als seine Mitbewerber. Das *externe Wachstum* erfolgt z. B. durch Beteiligungen (Konzernbildung) oder Fusionen (vgl. die Zusammenschlusstatbestände in § 37 GWB, entsprechend auch die Fusionskontrollverordnung der Europäischen Kommission). Während Betriebe nur intern wachsen können, kann das Wachstum von Unternehmen sowohl intern als auch extern vor sich gehen.

2. Nach der *Richtung* bzw. der *Produktionsstufe* können drei Formen der Unternehmenskonzentration unterschieden werden:

a) *Horizontale Unternehmenskonzentration* als Vereinigung von Betrieben oder Unternehmen, die auf der gleichen Produktionsstufe und demselben sachlich relevanten Markt tätig sind (z. B. zu marktbeherrschenden Unternehmen oder Horizontalkonzernen).

b) *Vertikale Unternehmenskonzentration* als Vereinigung von Betrieben oder Unternehmen, die auf aufeinander folgenden Produktionsstufen tätig sind und in einem Käufer-/Verkäuferverhältnis stehen (z. B. die Vereinigung der Rohstoffgewinnung mit der Erzeugung von Halbfabrikaten oder der Produktion mit dem Handel in einem Unternehmen oder Vertikalkonzern). Vertikale Unternehmenskonzentration wird auch als *Integration* bezeichnet.

c) *Diagonale Unternehmenskonzentration* als Vereinigung von Betrieben oder Unternehmen, deren Erzeugnisse sowohl produktions- als auch absatzmäßig nichts oder fast nichts miteinander zu tun haben (Bildung eines Konglomerats).

3. Nach dem *Wirtschaftsraum* wird zwischen drei Formen der Unternehmenskonzentration unterschieden:

a) *Regionale Unternehmenskonzentration*, wenn die Unternehmenskonzentration in einem bestimmten Teil eines Staates gemeint ist (z. B. Kohle, Stahl oder Werften);

b) *Nationale Unternehmenskonzentration*, wenn die Unternehmenskonzentration innerhalb eines Landes gemeint ist;

c) *Internationale Unternehmenskonzentration*, wenn auf die Ausdehnung von Unternehmensverflechtungen über mehrere Volkswirtschaften Bezug genommen wird (z. B. multinationale Unternehmen, strategische Allianzen, Globalisierung).

II. Ursachen/Motive der Unternehmenskonzentration

Die Ursachen und Motive für Zusammenschlüsse sind vielfältig und zum Teil abhängig von der Konzentrationsrichtung (horizontal, vertikal oder diagonal). Zum einen sind staatliche Rahmenbedingungen zu nennen, wie die Gestaltung des Gesellschafts-, Steuer-, Kartell- oder Patentrechts, die Incentives oder Disincentives für Fusionen enthalten können. Über die staatlichen Rahmenbedingungen hinaus können folgende wichtige Ursachen systematisch unterschieden werden:

1. Bei der horizontalen Unternehmenskonzentration können *Kostenersparnisse durch Größenvorteile (Economies of Scale)* eine Rolle spielen. Die Bedeutung derartiger Größenkostenersparnisse wird jedoch gemindert durch das Auftreten von *X-Ineffizienzen* im Sinn von Leibenstein, die durch fehlenden Wettbewerbsdruck und mangelnde Motivation des Managements entstehen und zu überhöhten Kosten führen.

Im Fall vertikaler Fusionen können *Transaktionskostenersparnisse (Transaction Cost Economies)* eine Rolle spielen.

Wenn die Koordination wirtschaftlicher Aktivitäten innerhalb eines Unternehmens (transaktions-)kostengünstiger ist als über den Markt, so wird der Markt als Koordinationsmechanismus zurückgedrängt. Der zunehmenden vertikalen Integration werden jedoch durch steigende Organisationskosten innerhalb eines Unternehmens Grenzen gesetzt.

Bei konglomeraten Fusionen (Konglomerate) können *Verbundvorteile (Economies of Scope)* auftreten. Verbundvorteile liegen vor, wenn es kostengünstiger ist, zwei Güter a und b in einem statt in mehreren Unternehmen herzustellen:

$$K_{(a, b)} < K_{(a)} + K_{(b)}.$$

Ab einer bestimmten Unternehmensgröße können jedoch infolge der Bürokratie von Großunternehmen und der damit verbundenen mangelnden Motivation *Diseconomies of Scope* auftreten.

2. *Risikostreuung:* Das Risiko unternehmerischer Entscheidungen kann durch Unternehmenskonzentration gemindert werden. Im Fall des verti-

kalen Wachstums können z. B. Unsicherheiten beim Bezug vorgelagerter Produkte und beim Absatz eigener Produkte vermindert werden. Diversifizierende Unternehmenszusammenschlüsse (Diversifizierung) bezwecken, Schwankungen im Unternehmensergebnis – sei es aus saisonalen, strukturellen oder konjunkturellen Gründe – auszugleichen.

3. *Marktstrategische Zielsetzungen: Horizontale Fusionen* können über steigende Marktanteile die Erringung einer marktbeherrschenden Stellung (Marktbeherrschung) und damit die Realisierung höherer Preise und Gewinne ermöglichen. Das *vertikale Wachstum* kann über die Beherrschung wichtiger Bezugsquellen und/oder Absatzmöglichkeiten potenziellen Konkurrenten den Marktzutritt erschweren und damit die Wettbewerbschancen der Konkurrenten beeinträchtigen, wodurch die eigene Marktposition zusätzlich abgesichert wird. Im Fall *konglomerater Fusionen* sind Möglichkeiten der *Mischkalkulation* gegeben, die es einem Unternehmen ermöglichen, sich den Marktzwängen aufgrund des Wettbewerbsdruckes weitgehend zu entziehen (z. B. die ständige „Subventionierung" einer verlustreichen Nutzfahrzeugproduktion durch die Überschüsse aus dem Pkw-Geschäft).

4. *Empire Building:* Die mangelnde Kontrolle der Entscheidungsträger eines Unternehmens (Vorstand) durch die Aktionäre bzw. den Aufsichtsrat (Prinzipal-Agent-Problem) kann dazu führen, dass sich die Unternehmensleitung nicht mehr an denselben Zielen wie die Aktionäre orientiert, sondern eigene Ziele verfolgt (Manager-Theorie der Unternehmung). So kann das horizontale, vertikale oder diagonale Wachstum eines Unternehmens für das Management aus mehreren Gründen nutzenmaximierend sein:

(1) Weil die Bezüge des Managements in der Regel unmittelbar an Größenkennziffern gekoppelt sind;

(2) Weil ein größeres Unternehmen die Übernahmewahrscheinlichkeit senkt und damit die Arbeitsplatzsicherheit erhöht;

(3) Weil Akquisitionen regelmäßig zu einer weiteren Streuung der Aktien beitragen und damit der Einfluss von Großaktionären gemindert wird;

(4) Weil es neue Aufstiegsmöglichkeiten oder das Streben nach Prestige eröffnet.

Das Motiv des Empire Building stellt die Interessen des Managements an dem externen Wachstum eines Unternehmens in den Vordergrund der Erklärung.

Die Abbildung „Synopsis der Zusammenschlussformen und Motive der Unternehmenskonzentration sowie der Auswirkungen auf Wettbewerb und Kosten" gibt einen Überblick.

Unternehmenskonzentration – Synopsis der Zusammenschlussformen und Motive der Unternehmen sowie der Auswirkungen auf Wettbewerb und Kosten

Zusammenschlussform	horizontal	vertikal	konglomerat
Begriff	– Unternehmen sind auf dem gleichen relevanten Markt tätig;	– Unternehmen sind auf vor- bzw. nachgelagerten Produktionsstufen tätig und stehen in einer Käufer-Verkäufer-Beziehung zueinander;	– negativ definiert als Zusammenschluss, der weder horizontaler noch vertikaler Natur ist;
Zusammenschluss-motive	– Economies of Scale;	– Transaktionskostenersparnisse;	– Economies of Scope – Risikostreuung durch Diversifikation;
	– Eliminierung eines ineffizienten Unternehmensmanagements; – marktstrategische Zielsetzungen – Empire Building;		
Auswirkungen auf den Wettbewerb	– Erlangung einer dominierenden Marktposition bzw. Erleichterung kollektiver Marktkontrolle und damit Beschränkung des Preiswettbewerbs (überhöhte Preise und Gewinne sowie Kosten);	– Behinderung von nichtintegrierten Konkurrenten durch Monopolisierung der Bezugs- oder Absatzwege und damit Errichtung von Marktzutrittsschranken;	– Überwälzung von Marktrisiken und Kosten; – Kopplungsgeschäfte; – steigende Finanzkraft; – Mischkalkulation; – Konzentration von Verfügungsbefugnissen;
Auswirkungen auf die Kosten	– Economies of Scale vs. Diseconomies of Scale;	– Transaction-Cost economies vs. steigende Organisationskosten; – X-Inefficiencies;	– Economies of Scope vs. Diseconomies of Scope;

III. Unternehmenskonzentration und Wettbewerb

Unternehmenskonzentration kann positive und/oder negative Auswirkungen in gesamtwirtschaftlicher Sicht haben.

1. Die *positiven Auswirkungen der Unternehmenskonzentration* können in folgenden Punkten gesehen werden: Effizienzsteigerung im weiteren Sinne

durch die Realisierung von Economies of Scale, Transaction Cost Economies oder Economies of Scope; Verbesserung der internationalen Wettbewerbsfähigkeit.

2. Diesen möglichen positiven Effekten der Unternehmenskonzentration – die auftreten können, aber nicht auftreten müssen – stehen *negative Auswirkungen* auf die Intensität des Wettbewerbs gegenüber: Zunehmende horizontale Unternehmenskonzentration führt ceteris paribus zu monopolistisch überhöhten Preisen und Gewinnen und damit einer Verschlechterung der Marktversorgung; zudem besteht eine Tendenz zur Kostenüberhöhung, da die Kostenkontrollfunktion des Wettbewerbs eingeschränkt wird (X-Ineffizienzen im Sinn von Leibenstein); zunehmende vertikale Integration führt zu Marktschließungseffekten gegenüber potenziellen Konkurrenten (potenzielle Konkurrenz) und erschwert die Wettbewerbsbedingungen der tatsächlichen Konkurrenten; konglomerate Zusammenschlüsse (Konglomerate) eröffnen Möglichkeiten zur Mischkalkulation, die den Marktausleseprozess beeinträchtigen und Tochtergesellschaften den Marktzwängen entziehen; zunehmende Unternehmenskonzentration von Verfügungsmacht kann zudem zu einem politischen Problem werden.

Diesen wettbewerbspolitischen Gefahren versucht die Wettbewerbspolitik durch Einführung einer Fusionskontrolle Rechnung zu tragen, die im Hinblick auf eventuelle negative Effizienzeffekte seit der Achten GWB-Novelle vom 1.1.2013 mit dem neuen Untersagungskriterium der „erheblichen Behinderung wirksamen Wettbewerbs" (vgl. § 36 I GWB) bereits unterhalb der Marktbeherrschungsschwelle einsetzt.

Unternehmenskonzentration, Messung

1. *Ziel der Konzentrationsmessung* ist es, konzentrationsrelevante Tatbestände quantifizierend zu erfassen und in einem numerischen Ausdruck zu vereinigen *(Konzentrationsgrad)*. Die Messung der Unternehmenskonzentration ist dabei die Umkehrung des eigentlichen Zieles der (quantitativ nicht möglichen) Messung des Wettbewerbs.

Die statistische Konzentrationsmessung beruht auf zwei grundlegenden *Annahmen:*

(1) Der Wettbewerb wird umso schwächer, je geringer die Anzahl der Marktteilnehmer wird (absolute Unternehmenskonzentration).

(2) Der Wettbewerb wird umso schwächer, je ungleichmäßiger die Verteilung des Gesamtmerkmalsbetrages auf die Marktteilnehmer wird (relative Konzentration oder Disparität).

2. Im Einklang mit diesen beiden grundlegenden Annahmen wird zwischen relativen und absoluten *Konzentrationsmaßen* unterschieden.

Unternehmenszusammenschluss

I. Allgemein

1. *Begriff:* Eine freiwillige Vereinigung von Unternehmungen im Vertragswege durch Verschmelzung (Vollfusion) oder Konzernierung; Letzteres kann zu einem Gleichordnungs- oder Unterordnungskonzern führen. Beim Konzern bleibt in allen Fällen die rechtliche Selbstständigkeit der als AG oder GmbH gegründeten Unternehmungen erhalten.

2. Unternehmenszusammenschluss für *beondere Zwecke:*

a) *Interessengemeinschaft:* Zwischen mehreren selbstständig bleibenden Unternehmungen werden Arbeitsaufgaben, vor allem z. B. Entwicklungsaufgaben, aufgeteilt; aus Interessengemeinschaften entstehen häufig Konzerne. Im Unterschied zu diesen steht bei der Interessengemeinschaft die Gewinnverteilung im Vordergrund.

b) *Konsortium:* Vor allem beim Effektengeschäft.

c) *Ringe:* Spezialabreden zur Ausschließung der Konkurrenz, wie z. B. als Vorläufer des Kartells, mit Ausschließungsverträgen gegen Außenseiter.

3. Unternehmenszusammenschlüsse stellen innerhalb einer *Volkswirtschaft* gewichtige Machtfaktoren dar und werden in ihrer Machtausübung beschränkt (präventiv im Rahmen der Zusammenschlusskontrolle sowie kurativ im Rahmen der Missbrauchsaufsicht).

II. Wettbewerbsrecht

Unternehmenszusammenschlüsse unterliegen nach dem Kartellrecht unter bestimmten Voraussetzungen einer Anmeldepflicht und einer Kontrolle.

1. *Als Zusammenschluss gelten gemäß § 37 GWB:*

a) Erwerb des Vermögens eines anderen Unternehmens ganz oder zu einem wesentlichen Teil (Vermögenserwerb),

b) Erwerb der unmittelbaren oder mittelbaren Kontrolle durch ein oder mehrere Unternehmen über die Gesamtheit oder Teile eines oder mehrerer anderer Unternehmen (Kontrollerwerb),

c) Erwerb von Anteilen an einem anderen Unternehmen, wenn die Anteile 50 oder 25 Prozent des Kapitals oder der Stimmrechte des anderen Unternehmens erreichen (Anteilserwerb),

d) jede sonstige Verbindung von Unternehmen, aufgrund derer ein wettbewerblich erheblicher Einfluss auf ein anderes Unternehmen ausgeübt werden kann.

2. Anmeldepflicht nach § 39 I GWB für die am Zusammenschluss beteiligten Unternehmen sowie im Fall des Vermögenserwerbs oder des Anteilserwerbs auch für den Veräußerer.

3. *Inhalt der Anmeldung gemäß § 39 III GWB:* Die Anmeldung muss Angaben enthalten über

(1) Firma und Ort der Niederlassung,

(2) Art des Geschäftsbetriebes,

(3) Umsatzerlöse im Inland, in der EU und weltweit,

(4) Marktanteile einschließlich ihrer Berechnungsgrundlagen, wenn diese im Inland mind. 20 Prozent erreichen,

(5) im Fall des Anteilserwerbs die Höhe der erworbenen und insgesamt erhaltenen Beteiligung,

(6) eine für Zustellung bevollmächtigte Person im Inland, sofern sich der Unternehmenssitz nicht in Deutschland befindet.

4. Die *Anmeldung von Zusammenschlussvorhaben* muss gemäß § 39 I GWB vor Vollzug beim Bundeskartellamt erfolgen (präventive oder Ex-ante-Kontrolle).

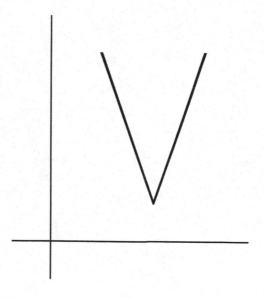

© Springer Fachmedien Wiesbaden GmbH, ein Teil von Springer Nature 2019
Springer Fachmedien Wiesbaden (Hrsg.), *180 Keywords Wettbewerbsrecht*,
https://doi.org/10.1007/978-3-658-23650-2_15

Veranlassungsverbot

Boykottverbot; besondere Ausprägung des Diskriminierungsverbots. Gemäß § 21 I GWB dürfen Unternehmen oder Unternehmensvereinigungen ein anderes Unternehmen oder eine andere Unternehmensvereinigung nicht in der Absicht, bestimmte Unternehmen unbillig zu beeinträchtigen, zu Liefer- oder Bezugssperren (Boykott) auffordern.

Verbundverträge

Verträge zwischen Unternehmen der Energieversorgung, wonach Lieferungen von Energie über feste Versorgungswege ausschließlich einem oder mehreren Vertragspartnern zur Verfügung gestellt werden.

Vergleichsmarktkonzept

1. *Begriff:* Methode zum Nachweis missbräuchlich hoher Preise eines marktbeherrschenden Anbieters bzw. missbräuchlich niedriger Preise eines marktbeherrschenden Nachfragers (vgl. allgemein § 19 II Nr. 2 2. Halbsatz GWB sowie in Bezug auf Strom- und Gaspreise § 29 Satz 1 Nr. 1 GWB).

2. *Arten*

a) *Räumliches Vergleichsmarktkonzept:* Vergleich mit dem Preis auf einem anderen räumlichen Markt für dieselbe Ware oder Dienstleistung im In- oder Ausland.

b) *Zeitliches Vergleichsmarktkonzept:* Vergleich mit dem Preis auf demselben sachlichen und räumlichen Markt, wie er sich früher bei noch wirksamem Wettbewerb herausgebildet hatte.

c) *Sachliches Vergleichsmarktkonzept:* Vergleich mit dem Preis für andere, sehr ähnliche Waren oder Dienstleistungen (regelmäßig auf dem Inlandsmarkt).

3. *Korrekturzuschläge/-abschläge:* Je nach den konkreten Marktverhältnissen und strukturellen Rahmenbedingungen des Vergleichsmarkts können Korrekturzuschläge (bei Angebotsmacht) oder Korrekturabschläge (bei Nachfragemacht) notwendig sein, z. B. wenn der Anbieter auf dem beherrschten Markt höheren Kosten ausgesetzt ist, die unternehmensindividuell nicht beeinflussbar sind.

4. *Erheblichkeitszuschlag:* Nach der Rechtsprechung sollen nur erhebliche Abweichungen vom Wettbewerbspreis zu einer Missbrauchsverfügung führen. Die Höhe des anzusetzenden Erheblichkeitszuschlags kann nur einzelfallbezogen bemessen werden.

Verpflichtungszusage

Von der Kartellbehörde in einer Entscheidung nach § 32b GWB für verbindlich erklärte verhaltensorientierte oder strukturelle Zusage eines Unternehmens, die im Rahmen eines bereits anhängigen Verfahrens nach § 32 GWB eine gütliche Einigung zwischen der Kartellbehörde und dem Unternehmen ermöglicht und die Verfahrenseinstellung nach sich zieht. Die Zusage muss geeignet sein, die dem Unternehmen bereits mitgeteilten vorläufigen wettbewerblichen Bedenken der Kartellbehörde auszuräumen. Die Verfügung der Kartellbehörde kann unter den folgenden alternativen Bedingungen aufgehoben und das Verfahren wieder aufgenommen werden:

(1) Nachträgliche Änderung der tatsächlichen Verhältnisse in einem für die Verfügung wesentlichen Punkt (Vorbehalt der clausula rebus sic stantibus);

(2) Nichteinhaltung der Zusage durch das Unternehmen;

(3) Nachträgliche Feststellung, dass das Unternehmen unvollständige, unrichtige oder irreführende Angaben gemacht hat.

Vertikal-GVO

Abkürzung für Verordnung (EU) Nr. 330/2010 der Kommission vom 20.4.2010 über die Anwendung von Art. 101 III des Vertrages über die Arbeitsweise der Europäischen Union auf Gruppen von vertikalen Vereinbarungen und aufeinander abgestimmten Verhaltensweisen (ABl. Nr. L 102, S. 1).

Gruppenfreistellungsverordnung der Europäischen Kommission, die unabhängig vom jeweiligen Vertragstyp Regelungen für vertikale Bindungen enthält und grundsätzlich für Waren und Dienstleistungen aller Wirtschaftsbereiche und -stufen gilt. Demnach sind mit Ausnahme

einiger verbotener Klauseln (Kernbeschränkungen) alle Arten vertikaler Bindungen gruppenweise freigestellt, wenn der Marktanteil der beteiligten Unternehmen jeweils unter 30 Prozent liegt und etwaige
Wettbewerbsverbote als Teil der Vereinbarung zeitlich befristet sind.
Zur näheren Erläuterung der Anwendungsvoraussetzungen der Vertikal-GVO hat die Europäische Kommission ergänzende „Leitlinien für
vertikale Beschränkungen" vom 19.5.2010 veröffentlicht (ABl. C 130, S.
1). Diese Leitlinien geben darüber hinaus Hinweise darauf, wie wettbewerbsbeschränkende Vertikalvereinbarungen bei Marktanteilen der
Beteiligten von mehr als 30 Prozent zu beurteilen sind, d. h. ob für diese gegebenenfalls eine Einzelfreistellung nach Art. 101 III AEUV infrage kommt.

Vertikale Bindungen

Zu den vertikalen Bindungen zählen Ausschließlichkeitsbindungen, Kopplungsgeschäfte, Vertriebsbindungen sowie Verwendungsbeschränkun-
gen.

Vertikale Wettbewerbsbeschränkung

Wettbewerbsbeschränkung zwischen Produktionsstufen (vor- und/oder
nachgelagert), die in einem Käufer-Verkäufer-Verhältnis stehen.

Vertikalkonzern

Unternehmenszusammenschluss, dessen Organisationsprinzip darin besteht, Werke verschiedener Produktionsstufen zu integrieren, z. B. Erzgru-
ben und Kohlegruben, Hochofen, Stahlwerk, Walzwerk und stahlverarbei-
tende Betriebe wie Maschinenfabriken, Werften, Waggonbauanstalten
etc.

Die *Vorteile* der vertikalen Konzentration bestehen in der Sicherung des
Absatzes für die Vorstufen und gleicher Rohstoffqualität für die verarbei-
tenden Stufen, ferner in den Möglichkeiten der Verbundwirtschaft (z. B.
Walzen in einer Hitze, wenn der Block noch warm aus dem Stahlwerk in
die Tieföfen des Walzwerkes kommt).

Nachteile können in überhöhten Organisationskosten bei vertikaler Integration bestehen, was zu Outsourcing führt.

Vertriebsbindung

1. *Begriff:* Vertragliche Begrenzung des Absatzes von Waren, die dem Bindenden (z. B. einem Hersteller) und dem Gebundenen (z. B. einem Großhändler) bestimmte Rechte und Pflichten auferlegt.

2. *Formen:*

a) *Vertriebsbindung räumlicher Art:* Den Abnehmern wird ein bestimmtes Gebiet zugewiesen, in dem sie die Ware vertreiben sollen (Gebietsbindungen oder Gebietsschutz-Klauseln; Gebietsschutz).

(1) Im *Inland:* starre oder flexible Gebietsklauseln (oft mit Kompensationszahlungen).

(2) Im *Ausland:* Exportverbote für Inländer, Reimportverbote für inländische Exporteure, Reexportverbote für ausländische Abnehmer.

b) *Vertriebsbindung personeller Art:* Der Absatz wird auf bestimmte Abnehmer beschränkt (Kundenbeschränkungsklauseln). Einschränkung des horizontalen Warenaustauschs durch Querlieferungsverbote. Einschränkung der vertikalen Warenbewegungen entweder auf bestimmte Absatzstufen (Direktlieferungs-, Rücklieferungsverbot, Vorbehaltsklauseln) oder auf bestimmte Abnehmer der nachfolgenden Stufe. Üblich sind hier Selektionsklauseln, nach denen nur Abnehmer beliefert werden, die den Anforderungen einer bestimmten Marketingkonzeption, z. B. hinsichtlich Größe und Ausstattung des Ladens, der Qualifikation des Personals, des Sortiments, des Kundendienstes entsprechen (Fachhandelsbindung, Vertragshändler).

c) *Vertriebsbindung zeitlicher Art:* Der Warenabsatz wird zeitlich differenziert oder begrenzt, z. B. Klauseln über die Vertriebszeit neuer bzw. auslaufender Modelle, Beschränkungen über die maximale Lagerungsdauer verderblicher Waren (Arzneimittel, Lebensmittel).

3. Vertriebsbindungen können als Absatzbindung und/oder als Bezugsbindung *abgeschlossen* werden.

4. *Wettbewerbsrechtliche Beurteilung:* Vertriebsbindungen, die zu einer spürbaren Beeinträchtigung des Wettbewerbs führen, verstoßen potenziell gegen das Verbot des § 1 GWB und des Art. 101 I AEUV. Sie sind daher insbesondere nach § 2 GWB und Art. 101 III AEUV i.V. mit der Vertikal-GVO zu beurteilen.

Verwendungsbeschränkung

Verwendungsbindung.

1. *Begriff:* Beschränkung der Freiheit einer Vertragspartei in der Verwendung der gelieferten Waren, anderer Waren oder gewerblicher Leistungen. Betrifft die Verwendung den Bezug oder Absatz der Ware, so liegt keine Verwendungsbindung, sondern eine Ausschließlichkeitsbindung (Bezug) bzw. eine Vertriebsbindung (Absatz) vor.

2. *Beispiele:* Verknüpfung der Belieferung mit einer Ware mit der Verpflichtung des Abnehmers (Händlers), hierfür eine Fachberatung zu gewährleisten; Verpflichtung eines Abnehmers, bestimmte Ersatzteile nur durch herstellerautorisierte Werkstätten einbauen zu lassen.

3. *Wettbewerbsrechtliche Beurteilung:* Verwendungsbindungen werden bei hinreichender Spürbarkeit vom Verbot des § 1 GWB und Art. 101 I AEUV erfasst. Soweit die Vertragspartner zueinander in einem Vertikalverhältnis stehen (also keine Wettbewerber sind) und sich die Verwendungsbindung im Einzelfall nicht wie eine Kernbeschränkung auswirkt, ist in der Vertikal- GVO eine Freistellung bis zu einem Marktanteil des bindenden Lieferanten sowie des gebundenen Abnehmers (Händlers) von jeweils 30 Prozent vorgesehen.

Vollkommene Konkurrenz

Vollständige Konkurrenz. Die vollkommene Konkurrenz fußt im Sinne des stationären Gleichgewichtsmodells, in welchem die behauptete Harmonie von Einzel- und Gesamtinteressen gewährleistet ist, auf zwei Gruppen von Annahmen: dem stationären Zustand der Wirtschaft und bestimmten *Marktstrukturmerkmalen:*

1. *Stationärer Zustand der Wirtschaft* mit den Merkmalen: gegebene Technik und damit gegebene Produktionsfunktion und Ertragsfunktion; gegebene Bevölkerung und Ausstattung mit Produktionsfaktoren; gegebene Güterpalette, gegebene Bedürfnisstruktur und gegebenes Einkommen, d. h. gegebene Nachfrage.

2. *Merkmale der vollkommenen Konkurrenz:*

a) *Marktstruktur im weiteren Sinne:*

(1) Unternehmer und Verbraucher verhalten sich *rational* im Sinne der Nutzen- und Gewinnmaximierung; der Preisbildungsprozess wird auch durch traditionelle Verhaltensweisen nicht gehemmt.

(2) Es bestehen keine sachlichen, persönlichen, räumlichen oder zeitlichen *Präferenzen* der Anbieter oder Nachfrager; die Güter sind daher homogen.

(3) Es bestehen keine Friktionen auf dem Markt, d. h. völlige *Transparenz* des Marktes, völlige Voraussicht der Marktteilnehmer, volle Teilbarkeit und Beweglichkeit der Produktionsfaktoren und produzierten Güter.

(4) Es fehlen rechtliche oder tatsächliche *Zutrittsbeschränkungen* für Anbieter und Nachfrager.

(5) Die *Reaktionsgeschwindigkeit* der Verhaltensänderung von Anbietern und Nachfragern auf Änderung der Marktdaten ist unendlich groß.

(6) Es erfolgen keine Eingriffe in den freien *Preisbildungsprozess* durch den Staat (z. B. Preiskontrollen) oder die Wirtschaftssubjekte (z. B. Kartelle).

(7) *Externe Effekte* (Pigou) sind ausgeklammert bzw. werden marktwirtschaftlich abgegolten.

(8) Die Zahl der Anbieter und Nachfrager ist sehr groß, es besteht ein *atomistischer Markt.*

b) *Marktverhalten:* Anbieter und Nachfrager können aufgrund ihres geringen Marktanteils durch ihr Verhalten den Preis nicht beeinflussen; sie verhalten sich daher als *Mengenanpasser* (Preis = Datum, Menge = Aktionsparameter).

c) *Marktergebnis:* Im Modell des *totalen Konkurrenzgleichgewichts* determiniert die Marktstruktur in obigem Sinn das Marktverhalten und zugleich

das Marktergebnis, das durch eine marktleistungsgerechte Einkommensverteilung, optimale Faktorallokation (Produktionseffizienz) und Angebotssteuerung gemäß den Käuferpräferenzen charakterisiert ist (Tausch-
effizienz). Im totalen Konkurrenzgleichgewicht ist es nicht möglich, dass
durch eine Veränderung der Tausch- bzw. Produktionsverhältnisse wenigstens ein Wirtschaftssubjekt ein höheres Versorgungsniveau erreicht,
ohne dass dadurch das Versorgungsniveau wenigstens einer anderen Person niedriger wird (sogenanntes *Pareto-Optimum*).

3. *Beurteilung:*

a) Das derart charakterisierte Pareto-Optimum bei vollkommenen Kon-
kurrenzen stellt einen *Zustand maximaler wirtschaftlicher Effizienz* im Sinne
der Allokation (unter Ausschluss des Distributionsaspektes) dar. In dieser Gleichsetzung liegt die Begründung dafür, dass die vollkommene Konkurrenz lange Zeit als Leitbild der Wettbewerbspolitik angesehen wurde;
dieser *Leitbildcharakter* ist jedoch besonders nach dem Zweiten Weltkrieg
(in Deutschland seit Anfang der 1960er-Jahre) zunehmend angezweifelt
worden. Die vollkommene Konkurrenz wird daher nur noch als *Referenz-
situation* benutzt.

b) Die *Kritik* an der vollkommenen Konkurrenz als Leitbild der Wirtschaftspolitik beruht im Wesentlichen auf folgenden Punkten:

(1) Zielkonflikte zwischen atomistischer Konkurrenz und Economies of Scale.

(2) Zielkonflikte zwischen Vollständigkeit der Konkurrenz im Sinne der
Homogenitätsbedingung und Notwendigkeit einer gewissen Produktdif-
ferenzierung im Interesse der Befriedigung differenzierter Verbraucher-
wünsche.

(3) Mangelnde Anreizwirkung (Incentives), da bei vollständigem Wettbewerb der Preis als Datum und die Qualität infolge der Homogenitätsbedingung als Aktionsparameter ausscheiden. Im Modell des vollständigen Wettbewerbs sind daher Marktverhalten und Marktergebnis
determiniert, sodass keine Wettbewerbsfreiheit mehr herrscht.

(4) Infolge des stationären Charakters der vollkommenen Konkurrenz, der
durch eine gegebene Zahl von Betrieben und Produkten sowie gegebene
Produktionsverfahren und Arten von Produktionsfaktoren gekennzeichnet

ist, wird nur ein relatives, aber kein absolutes Optimum gewährleistet. Wegen Nichterfüllung der sogenannten Totalbedingungen sind daher sowohl die Angebotssteuerung als auch die Faktorallokation nur beschränkt optimal.

Eine vollständige Optimierung würde sowohl die Einführung neuer und den Verzicht auf alte Produkte als auch die Gründung neuer und Schließung bestehender Unternehmen erfordern. Das Modell der vollkommenen Konkurrenz vermag daher angesichts seines restriktiven Charakters keine Erklärung der evolutorischen Entwicklung der Wirtschaft zu geben.

Vorteilsabschöpfung

Mehrerlösabschöpfung; Abschöpfung des wirtschaftlichen Vorteils, den ein Unternehmen durch einen schuldhaft (fahrlässig oder vorsätzlich) begangenen Verstoß gegen Bestimmungen des GWB, Verfügungen der Kartellbehörde oder die Art. 101, 102 AEUV erlangt, durch die Kartellbehörde oder Verbände. Hierdurch soll eine Bereicherung durch einen Kartellrechtsverstoß verhindert werden.

1. *Vorteilsabschöpfung durch die Kartellbehörde (§ 34 GWB):* Der wirtschaftliche Vorteil ist der Saldo aus dem Vergleich zwischen der Vermögenssituation, die sich ohne den Kartellrechtsverstoß ergeben hätte, und der tatsächlich eingetretenen Vermögenssituation für einen Zeitraum von längstens fünf Jahren. Er kann von der Kartellbehörde hilfsweise geschätzt werden. Eine Vorteilsabschöpfung durch die Kartellbehörde scheidet aus, wenn das betroffene Unternehmen bereits Schadensersatz geleistet hat (§ 33a I GWB) oder ein Bußgeld verhängt wurde, das neben einer ahndenden auch eine abschöpfende Komponente enthielt (§ 81 V GWB). Die Vorteilsabschöpfung soll der Höhe nach beschränkt werden oder ganz unterbleiben, wenn sie für das Unternehmen eine unbillige Härte darstellt, d.h. insbesondere die Fortexistenz des Unternehmens gefährden würde.

2. *Vorteilsabschöpfung durch Verbände (§ 34a GWB):* Die Vorteilsabschöpfung durch Verbände erfolgt auf dem Zivilrechtsweg und kommt in erster Linie in Fällen in Betracht, in denen die Kartellbehörde keine Verfahren eingeleitet hat und keine Schadensersatzansprüche geltend gemacht

wurden. Sie ist auf den wirtschaftlichen Vorteil aus vorsätzlichen Zuwiderhandlungen beschränkt, durch die auf der jeweiligen Marktgegenseite eine Vielzahl von Abnehmern oder Anbietern benachteiligt wurde. Anspruchsberechtigte Verbände sind nach § 33 IV GWB rechtsfähige Verbände zur Förderung gewerblicher oder selbstständiger beruflicher Interessen, daneben auch Verbraucherverbände. Anders als bei Schadensersatzansprüchen kommt die Vorteilsabschöpfung nicht etwa benachteiligten Verbandsmitgliedern zugute, sondern wird wie im Falle der Abschöpfung durch die Kartellbehörde an die Staatskasse abgeführt.

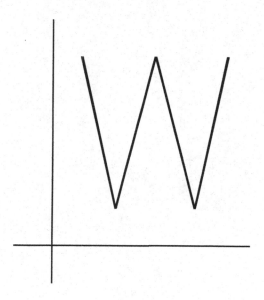

Wettbewerb

I. Allgemein

1. *Begriff:* Unter Wettbewerb ist das Streben von zwei oder mehr Personen bzw. Gruppen nach einem Ziel zu verstehen, wobei der höhere Zielerreichungsgrad des einen in der Regel einen geringeren Zielerreichungsgrad des (der) anderen bedingt (z. B. sportlicher, kultureller oder wirtschaftlicher Wettkampf).

2. *Wirtschaftlich:* Überträgt man diese sehr allgemein gefasste Wettbewerbsvorstellung auf das Wirtschaftsleben, so ist Wettbewerb begrifflich durch folgende Merkmale charakterisiert:

(1) Existenz von Märkten mit

(2) mind. zwei Anbietern oder Nachfragern,

(3) die sich antagonistisch (im Gegensatz zu kooperativ) verhalten, d. h. durch Einsatz eines oder mehrerer Aktionsparameter ihren Zielerreichungsgrad zulasten anderer Wirtschaftssubjekte verbessern wollen;

(4) damit ist eine Komplementarität von Anreiz- und Ordnungsfunktion gegeben, die im sogenannten sozialistischen Wettbewerb (sozialistische Marktwirtschaft) fehlt.

3. Um den so skizzierten Wettbewerb inhaltlich auszufüllen, sind in der Literatur verschiedene *wettbewerbspolitische Leitbilder* bzw. Konzeptionen entwickelt worden.

II. Wirtschaftsethik

Der Wettbewerb bringt ein antagonistisches Element in die sozialen Beziehungen. Dies hat den Menschen und den Moralphilosophen seit Jahrhunderten theoretische und ethische Probleme bereitet. Wirtschaftsethik hat deutlich zu machen, dass der Wettbewerb, sofern er unter einer geeigneten Rahmenordnung stattfindet, eine ethische Begründung hat: Er hält alle Akteure zu Kreativität und Disziplin an und garantiert so, dass die Allgemeinheit sehr schnell in den Genuss der relativ besten Problemlösungen gelangt. Wettbewerb ist nach Böhm „das großartigste und genialste Entmachtungsinstrument der Geschichte".

Wettbewerbsbeschränkungen

Jede Form der Beeinträchtigung der Wettbewerbswirtschaft (der freien Konkurrenz) durch Maßnahmen des Staates (z. B. Zwangswirtschaft), durch Bildung von Unternehmenszusammenschlüssen (Kartellen, Trusts etc.), durch Preisbindung zweiter Hand und Ähnliches.

Zu unterscheiden:

(1) Horizontale Wettbewerbsbeschränkung;

(2) Vertikale Wettbewerbsbeschränkung.

Verhinderung von Wettbewerbsbeschränkungen ist Aufgabe der Wettbewerbspolitik.

Wettbewerbsfunktionen

Aufgaben bzw. Ziele, die der Wettbewerb erfüllen soll. Die Funktionen bzw. Ziele des Wettbewerbs lassen sich wie folgt systematisieren:

(1) *Verteilungsfunktion* im Sinne einer funktionellen Einkommensverteilung nach der Marktleistung (Prinzip der Leistungsfähigkeit). *Anders:* Prinzip der Bedarfsgerechtigkeit bzw. der Gleichheit;

(2) *Konsumentensouveränität* im Sinne einer Steuerung der Zusammensetzung des Warenangebots gemäß den Käuferpräferenzen (Anpassungsfunktion);

(3) *Optimale Faktorallokation* im Sinne einer Lenkung der Produktionsfaktoren in ihre produktivsten Einsatzmöglichkeiten, wodurch bei gegebener Technik die Gesamtkosten gegebener Produktionsvolumina gesenkt bzw. der Output bei gegebenen Faktoreinsatzmengen gesteigert werden (Allokationsfunktion);

(4) *Anpassungsflexibilität* im Sinne einer laufenden flexiblen Anpassung von Produkten und Produktionskapazitäten an sich ständig ändernde Daten (z. B. Nachfragestruktur oder Produktionstechnik);

(5) *Förderung des technischen Fortschritts* in Form neuer Produkte oder Produktionsmethoden (Fortschritts- und Entwicklungsfunktion);

(6) Gewährleistung der wirtschaftlichen Handlungs- und Entschließungsfreiheit (*Kontrolle wirtschaftlicher Macht* als außerökonomische bzw. me-

taökonomische Wettbewerbsfunktion; Freiheitsfunktion);

(7) Eliminierung Leistungsschwacher aus dem Markt im Sinne der Auslese- bzw. Selektionsfunktion (Sozialdarwinismus).

Wettbewerbsklausel

Konkurrenzklausel, nachvertragliches Wettbewerbsverbot.

I. Begriff

Vereinbarung, in der Regel zwischen dem Unternehmer und seinen Angestellten (aber auch mit Gesellschaftern, Handelsvertretern, Geschäftsführern einer GmbH etc.), die den Unternehmer vor Wettbewerb *nach* Beendigung des Dienstverhältnisses schützen soll (während des Dienstverhältnisses Wettbewerbsverbot). Das bringt es mit sich, dass der Angestellte in seiner gewerblichen Tätigkeit behindert wird. Für Auszubildende und Volontäre ist eine Wettbewerbsklausel daher nichtig, um diese in ihren zukünftigen beruflichen Möglichkeiten nicht einzuengen.

Ausnahme: wenn in den letzten sechs Monaten der Berufsausbildung ein Arbeitsverhältnis vereinbart wird (§ 12 I 2 BBiG).

II. Beschränkungen

Die mit Angestellten vereinbarte Wettbewerbsklausel ist durch das Gesetz wesentlichen Beschränkungen unterworfen, um den wirtschaftlich schwächeren Teil zu schützen.

1. Für *Handlungsgehilfen,* einschließlich Arbeitnehmer: Wettbewerbsverbot.

2. Für *Handelsvertreter* unter anderem: Schriftform und Aushändigung einer Urkunde ist erforderlich. Das Wettbewerbsverbot darf nicht länger als zwei Jahre andauern. Der Unternehmer ist verpflichtet, für die Dauer der Wettbewerbsbeschränkung eine angemessene Entschädigung zu zahlen (§ 90a HGB). Vgl. zu einer Klausel bei einem Handelsvertretervertrag und dessen Verstoß dagegen BGH, Urt. v. 10.11.2010, VIII ZR 327/09: Vertragsauslegung des Handelsvertretervertrages kann gegen die Zulässigkeit einer Kündigung aus wichtigem Grund sprechen, wenn das Vertrauensverhältnis nicht grundlegend beschädigt wurde, sodass – anstelle einer Kündigung – gegebenenfalls eine vorherige Abmahnung geboten war.

3. Wird das Dienstverhältnis etc. wegen schuldhaften Verhaltens des Unternehmers *aufgelöst*, so kann sich der Verpflichtete von der Wettbewerbsklausel innerhalb eines Monats nach der Kündigung durch schriftliche Erklärung lossagen (§§ 75 I, 90a III HGB).

4. Die gesetzlichen Vorschriften sind *unabdingbar* (§§ 75d, 90a IV HGB).

III. Vertragsstrafe

Zur Durchsetzung der Wettbewerbsklausel kann eine Vertragsstrafe vereinbart werden (§ 75c HGB). Eine unverhältnismäßig hohe Strafe kann von dem Richter herabgesetzt werden (§§ 75c I 2 HGB, 343 BGB). Daneben besteht Anspruch auf Erfüllung der Wettbewerbsklausel oder auf Schadensersatz.

Ausnahme: Wenn der Unternehmer nicht zur Zahlung einer Entschädigung verpflichtet ist, § 75c II HGB.

Wettbewerbspolitische Leitbilder

1. *Ordoliberalismus der Freiburger Schule, Leitbild der vollständigen Konkurrenz:* Der Ordoliberalismus der sogenannten Freiburger Schule (Eucken, Böhm, Müller-Armack etc.) kann als eine Art dritter Weg zwischen einer vermachteten Laissez-faire-Wirtschaft und einer zentral geplanten Verwaltungswirtschaft verstanden werden. Wettbewerb wird dabei als ein *Entmachtungsinstrument* verstanden, was die Marktform der vollkommenen Konkurrenz voraussetzt. In dieser ist der Marktpreis ein gegebenes Datum für die Wirtschaftssubjekte, das von ihnen nicht beeinflusst werden kann (Mengenanpasser). Das Modell der vollkommenen Konkurrenz als Leitbild der Wettbewerbspolitik ist problematisch, da

(a) viele kleine Anbieter und Nachfrager nicht das Potenzial zur Forschung und Entwicklung haben (Fortschritts- und Entwicklungsfunktion),

(b) homogene Güter und die Abwesenheit der Präferenzen die Konsumentensouveränität einschränken und

(c) vollkommene Information und Markttransparenz sowie unverzügliche Anpassung keinen Vorsprungsgewinn zulassen.

Konstituierende und regulierende Prinzipien: Der Ordoliberalismus fordert einen *starken Staat*, der die *Rahmenbedingungen im Sinne von Spielregeln einer Wettbewerbswirtschaft* setzen muss; denn die Wirtschaftspolitik des sogenannten Altliberalismus habe gezeigt, dass eine unbegrenzte Vertragsfreiheit der Wirtschaftssubjekte zu einer wachsenden Monopolisierung führe, d. h. zu einer Vergrößerung des Freiheitsspielraums für nur wenige Wirtschaftssubjekte. Zur Erhaltung der Funktionsfähigkeit der Wettbewerbsordnung postuliert Eucken sieben sogenannte konstituierende und drei regulierende Prinzipien. Die *sieben konstituierenden Prinzipien* sind:

(1) Preissystem der vollständigen Konkurrenz;

(2) Schaffung einer die Geldwertstabilität sichernden Währungsverfassung;

(3) Privateigentum an den Produktionsmitteln;

(4) Gewährleistung der Vertragsfreiheit;

(5) volle Haftung der Marktteilnehmer;

(6) freier Zugang zu den Märkten (Gewerbefreiheit) und

(7) Konstanz der Wirtschaftspolitik.

Diese sieben konstituierenden Prinzipien werden durch *drei regulierende Prinzipien* ergänzt:

(1) Aktive Monopol- und Oligopolpolitik;

(2) Einkommens- und Konjunkturpolitik, die bestimmte Funktionsschwächen der Marktwirtschaft korrigieren soll, und

(3) Sozialpolitik.

Das Leitbild der vollständigen Konkurrenz soll gesichert werden durch ein striktes Kartellverbot, eine präventive Fusionskontrolle sowie eine staatliche Strukturpolitik und die Entflechtung von Monopolen im Hinblick auf die Erhaltung bzw. Überführung von Märkten in die Marktform der vollständigen Konkurrenz. Unvermeidbare (natürliche) Monopole sollen nach Eucken nicht verstaatlicht, sondern einer *Missbrauchsaufsicht* durch ein staatliches Monopolamt unterstellt werden (sogenannte *„Als-ob-Konkurrenz"*), wodurch ein Marktergebnis wie bei vollständiger Konkurrenz realisiert werden soll.

2. Konzept des weiten Oligopols als spezifische Form des Konzepts des funktionsfähigen Wettbewerbs: Das von F.W. Kantzenbach entwickelte Konzept eines funktionsfähigen Wettbewerbs geht von den *Aufgaben (Zielfunktionen) des Wettbewerbs* aus, die dieser zu erfüllen hat:

(1) Auf den Faktormärkten soll der Wettbewerb die funktionelle Einkommensverteilung nach der Marktleistung steuern *(leistungsgerechte Einkommensverteilung)*, wodurch eine Ausbeutung aufgrund von Marktmacht verhindert wird.

(2) Der Wettbewerb soll die Zusammensetzung des laufenden Angebots an Waren und Dienstleistungen gemäß den Käuferpräferenzen *(Konsumentensouveränität)* steuern, wodurch sich bei gegebener Einkommensverteilung und gegebenem Produktionsvolumen eine optimale Befriedigung der individuellen Bedürfnisse ergibt.

(3) Der Wettbewerb soll die Produktionsfaktoren in ihre produktivsten Einsatzmöglichkeiten *(optimale Faktorallokation)* lenken. Dadurch werden bei gegebenem Stand der Produktionstechnik die Gesamtkosten gegebener Produktionsvolumina gesenkt bzw. der Output bei gegebenen Faktoreinsatzmengen gesteigert.

(4) Der Wettbewerb soll die laufende flexible Anpassung von Produkten und Produktionskapazitäten an außenwirtschaftliche Daten, besonders an die sich ständig ändernde Nachfragestruktur und Produktionstechnik *(Anpassungsflexibilität)* ermöglichen. Dadurch wird das Ausmaß von Fehlinvestitionen verringert, die durch Strukturwandlungen hervorgerufenen volkswirtschaftlichen Kosten werden gesenkt.

(5) Der Wettbewerb soll die Entstehung, Einsatz und Verbreitung des technischen Fortschritts in Gestalt neuer Produkte und Produktionsmethoden beschleunigen.

Folgerungen: Nach Kantzenbach ist ein Wettbewerb dann funktionsfähig, wenn er die fünf – qua Werturteil – vorgegebenen ökonomischen Zielfunktionen bestmöglich erfüllt. Das ist seines Erachtens im *Bereich weiter Oligopole* mit *optimaler Interdependenz*, d.h. mit mäßiger Produktheterogenität und begrenzter Transparenz der Fall, da in dieser Marktform Gewinnchancen, Existenzrisiken und Finanzierungsmöglichkeiten der Unternehmen besonders günstig kombiniert seien. Dagegen sei das *enge*

Oligopol durch eine *überoptimale Interdependenz* gekennzeichnet, die entweder zu funktionslosen Oligopolkämpfen oder zu einer faktischen Beschränkung des Wettbewerbs durch *spontan-solidarisches Parallelverhalten* führen. Das *Polypol* sei durch eine *unteroptimale Interdependenz* charakterisiert, die mangels ausreichender Selbstfinanzierungsmöglichkeiten, geringer absoluter Unternehmensgrößen und traditioneller Verhaltensweisen nicht die im Hinblick auf strukturelle Anpassung und technischen Fortschritt notwendigen Investitionen erlaube; im Polypol herrsche daher ruinöser Wettbewerb.

Wettbewerbspolitische Empfehlungen: Im Hinblick auf das Leitbild des weiten Oligopols sollten enge Oligopole nach Möglichkeit entflochten und Polypole mit unteroptimaler Interdependenz durch eine Legalisierung von Kartellen und Förderung von Zusammenschlüssen in weite Oligopole überführt werden.

3. Konzept des freien Wettbewerbs der sogennanten Neuklassik: Hoppmann knüpft mit seinem als neuklassisch bezeichneten Wettbewerbskonzept an die klassische Wettbewerbstheorie an. Er unterscheidet zwei *Zielkomplexe der Wettbewerbspolitik:*

(1) Sicherung der Wettbewerbsfreiheit im Sinne der Abwesenheit von Zwang durch Dritte (sogenannte *Entschließungsfreiheit*) und der Abwesenheit von Beschränkungen des Tauschverkehrs durch Marktteilnehmer (sogenannte *Handlungsfreiheit*);

(2) Ökonomische Vorteilhaftigkeit des Wettbewerbsprozesses im Hinblick auf niedrigere Preise, bessere Qualitäten oder Einführung des technischen Fortschritts.

Wettbewerbsfreiheit wird als notwendige, jedoch nicht als hinreichende Bedingung für gute Marktergebnisse angesehen; vielmehr müsse ein entsprechender Wettbewerbsgeist (Spirit of Competition) hinzukommen, damit Wettbewerbsfreiheit zu ökonomischer Vorteilhaftigkeit führe. Bei Wettbewerbsfreiheit führe der Marktmechanismus aufgrund ökonomischer Anreize und Sanktionen zu einer Koordination der Pläne und Handlungen der Wirtschaftsobjekte, die für alle Marktteilnehmer vorteilhaft sei (sogenannter *systemtheoretischer Ansatz*).

Wettbewerbspolitische Empfehlungen: Die Handlungs- und Entschließungsfreiheit der Marktteilnehmer soll durch das *Verbot bestimmter Verhaltensweisen* (z. B. Monopolisierung, Diskriminierung, Behinderung oder Fusionen) geschützt werden, wobei die von der Wettbewerbspolitik zu setzenden *Per-se-Regeln* folgendermaßen ausgestaltet sein sollen:

(1) Den Wirtschaftsobjekten darf kein positiv definiertes Verhalten vorgeschrieben werden, vielmehr dürfen Verhaltensweisen nur *negativ* durch Verbot ausgeschlossen werden.

(2) Dieses Verbot muss *allgemein-abstrakt* erfolgen.

(3) Die Wettbewerbsregeln müssen für *alle* Wirtschaftsobjekte gleichermaßen gelten.

4. *Das Konzept der sogenannten Chicago School of Antitrust Analysis:* Die Chicago School, die in der Vergangenheit nur mit dem Monetarismus (Friedman unter anderem) identifiziert worden ist, hat in den 1970er-Jahren auch ein wettbewerbspolitisches Konzept entwickelt. Das wettbewerbspolitische Konzept dieser Schule (Bork, Demsetz, Director, Posner, Stigler unter anderem) war während der 1980er-Jahre unter Präsident Reagan zum Leitbild der US-Antitrustpolitik geworden.

Elemente: Die Chicago School versteht das Marktgeschehen als ein *freies Spiel der Kräfte* ohne staatliche Eingriffe, in welchem die Gesündesten und Besten überleben *(Survival of the Fittest, sogenannter Sozialdarwinismus);* dabei soll der Einfluss des Staates auf die Setzung weniger Rahmenbedingungen beschränkt werden. Das *Ziel der Antitrustpolitik* besteht nach der Auffassung dieser Schule allein in einer Maximierung der Konsumentenwohlfahrt. Die *Aufgabe der Wettbewerbspolitik* müsse daher in der Aufrechterhaltung von Marktmechanismen bestehen, die ein Maximum an Konsumentenwohlfahrt im Sinne einer optimalen Allokation der volkswirtschaftlichen Ressourcen gewährleisten. Für die Antitrustbehörden sollen daher nur *zwei Effizienzkriterien* für die Beurteilung von Wettbewerbspraktiken ausschlaggebend sein:

(1) die *allokative Effizienz* (im Sinn einer volkswirtschaftlich optimalen Allokation der Ressourcen, d. h. Angebot der Wettbewerbsmenge zum Wettbewerbspreis gemäß der Grenzkosten = Preis-Regel im Gegensatz zum Cournot Fall (Preistheorie)) und

(2) die *produktive Effizienz* (im Sinn einer effizienten Ressourcenverwendung in den einzelnen Unternehmen z. B. durch Ausnutzen von Economies of Scale oder Transaction Cost Efficiencies).

Um festzustellen, wann diese beiden Effizienzkriterien gewährleistet bzw. gefährdet sind, wollen die Vertreter der Chicago School die neo-klassische Preistheorie heranziehen, wobei vollkommene Konkurrenz und Monopol als Referenzsituationen dienen. Die Steigerung der betrieblichen Effizienz wird damit zum ausschließlichen Ziel der Antitrustpolitik; die anderen Wettbewerbsfunktionen (z. B. leistungsgerechte Einkommensverteilung, Konsumentensouveränität oder technischer Fortschritt) werden aus der Analyse ausgeklammert bzw. nicht berücksichtigt.

Wettbewerbspolitische Empfehlungen: Da die Chicago School auf die langfristige Wirkung des Marktmechanismus (Fehlen von privaten Marktzutrittsschranken und extrem langfristiger Zeithorizont) vertraut und zudem jeglichen staatlichen Eingriffen ablehnend gegenübersteht, nimmt sie grundsätzlich eine skeptische Haltung im Hinblick auf staatliche Aktivitäten im Bereich des Wettbewerbs ein. Sie kommt daher zu folgenden Empfehlungen:

(1) *Fusionen* werden im Allgemeinen nicht als wettbewerbsgefährdend angesehen, da sie in erster Linie der Ausschöpfung von Economies of Scale oder Transaction Cost Economies, der Vermögenskonzentration in den Händen überlegener Unternehmen sowie der Bestrafung eines ineffizienten oder schlechten Managements dienen; externes Wachstum (Konzentration) sei insofern grundsätzlich Ausdruck von produktiver Effizienz. Eine Fusionskontrolle solle daher in den USA nur noch *im Fall horizontaler Zusammenschlüsse* bei sehr hohen Marktanteilen stattfinden. Im Fall *vertikaler Fusionen* käme es nicht zu direkten Marktanteilszuwächsen und damit einer möglichen Verschlechterung der Marktversorgung; nur im Fall ausgeprägter Marktschließungseffekte sei daher eine Fusionskontrolle geboten. *Konglomerate Fusionen* stellen nach Auffassung der Chicago School ein „Non-Problem" dar.

(2) *Wettbewerbswidriges Verhalten* wird dagegen kritischer gesehen als strukturbedingte Konzentration. So wird für *horizontale* Absprachen ein striktes Per-se-Verbot gefordert, während *vertikale* Absprachen als Erhö-

hung der produktiven Effizienz des handelnden Unternehmens und damit der Erhöhung der Konsumentenwohlfahrt als Ganzes gesehen werden.

Wettbewerbsrechtliche Ausnahmebereiche

Wirtschaftsbereiche, in denen Wettbewerb aus wirtschaftlichen Gründen nicht möglich (sogenannte natürliche Ausnahmebereiche, z. B. in Versorgungsnetzen) oder im Hinblick auf die Realisierung bestimmter politisch vorgegebener Ziele nicht geeignet (sogenannte politische Ausnahmebereiche) ist.

Das geltende Kartellrecht sieht Ausnahmeregelungen insbesondere für die Landwirtschaft (§ 28 GWB), für Presseverlage und das Pressegrosso (§ 30 GWB) sowie für die Wasserwirtschaft (§ 31 GWB) vor. Ähnliche ältere Regelungen für die Kredit- und Versicherungswirtschaft (§ 29 GWB a.F.), die Urheberrechtsverwertungsgesellschaften (§ 30 GWB a.F.) und für den Sport (§ 31 GWB a.F.) sind hingegen mit der Siebten GWB-Novelle entfallen, sodass für diese Wirtschaftsbereiche die kartellrechtlichen Vorschriften (wieder) uneingeschränkt zur Anwendung kommen.

Wettbewerbsregeln

Verhaltensregeln für Unternehmen zur Sicherung und Herbeiführung eines lauteren und leistungsgerechten Wettbewerbs (§§ 24 ff. GWB).

Wettbewerbsregeln können von Wirtschafts- und Berufsvereinigungen aufgestellt werden. Die Anerkennung ist schriftlich bei der Kartellbehörde zu beantragen (§ 24 GWB). Die Kartellbehörde hat betroffenen Wettbewerbern, Lieferanten, Abnehmern, anderen Wirtschafts- und Berufsvereinigungen sowie – bei erheblicher Interessenberührung der Verbraucher – Verbraucherzentralen und -verbänden Gelegenheit zur Stellungnahme zu geben. Im Rahmen einer fakultativen öffentlichen mündlichen Verhandlung kann sich darüber hinaus jeder andere Interessierte zum Antrag äußern (§ 25 GWB). Die Anerkennung der Wettbewerbsregeln erfolgt widerruflich durch Verfügung der Kartellbehörde. Diese hat die Anerkennung abzulehnen, wenn die Wettbewerbsregeln gegen das Verbot des § 1 GWB und des Art. 101 I AEUV verstoßen und nicht nach § 2 GWB und Art. 101 III AEUV freigestellt sind (§ 26 GWB). Anerkannte Wettbewerbs-

regeln sind im Bundesanzeiger oder elektronischen Bundesanzeiger zu
veröffentlichen. Die entsprechenden Anträge können zuvor bei der Kartellbehörde eingesehen werden (§ 27 GWB).

Wettbewerbstheorie

1. *Begriff:* Die Wettbewerbstheorie hat die Aufgabe, Ursache-Wirkungs-
zusammenhänge von wettbewerblichen Marktprozessen zu erklären und
damit die wissenschaftliche Grundlage für staatliche Wettbewerbspolitik
zu schaffen.

2. *Klassische* Wettbewerbstheorie: Smith und die klassische Schule der
Nationalökonomie (klassische Lehre) haben das Wettbewerbssystem
vorwiegend zum Angriff gegen die feudal-merkantilistischen Fesseln
(Merkantilismus) der Wirtschaftsfreiheit benutzt. Die Bevormundung
des einzelnen Bürgers durch die Wirtschaftspolitik des Merkantilismus
wird abgelehnt und stattdessen die Gewährleistung der Handlungsfreiheit von Unternehmen und Haushalten gefordert.

Das klassische System lässt sich charakterisieren als die *Freiheit zum
Wettbewerb unter Konkurrenten,* d. h. Freiheit für vorstoßende und nach-
ahmende Wettbewerbshandlungen, sowie Freiheit der Konsumenten,
unter den von der Marktgegenseite gebotenen Alternativen zu wählen.
Wettbewerb im Sinn der Klassik ist ein *dynamischer Prozess* aus Aktion
und Reaktion, der jedem Marktteilnehmer einen begrenzten Freiheitsbe-
reich gibt. Das Ausnutzen der Wettbewerbsfreiheit unter *Verfolgung des
Eigeninteresses* führt über den Marktmechanismus dazu, dass jedes Wirtschaftssubjekt das erhält, was ihm nach seiner Leistung für den Markt
zusteht. Durch dieses freie Spiel der Kräfte entsteht wie durch eine *Invisi-
ble Hand* eine allgemeine *Harmonie der Interessen,* die durch den Eingriff
des Staates nur gestört werden kann. Das klassische Wettbewerbskonzept lässt sich daher als *Koordinationsprozess ohne staatliche Lenkung* verstehen, d. h. als ein System nicht-autoritärer sozialer Kontrolle mit finanziellen Sanktionen.

Die von Smith analysierten *wettbewerbsbeschränkenden Strategien* beziehen sich vorrangig auf die merkantilistische Wirtschaftspolitik, wobei *Marktzutrittsschranken,* die durch das Zunftwesen begründet und

durch Gesetze abgesichert sind, im Vordergrund stehen (z. B. die Begrenzung der Zahl der Lehrlinge in einem Gewerbe sowie die Bestimmungen für den Marktzutritt und Marktaustritt in Handwerksberufen).

Das Wettbewerbskonzept der Klassik ist jedoch nicht – wie oft fälschlich behauptet wird – gleichzusetzen mit einer Politik des „laissez-faire, laissezpasser" *(Laissez-faire-Prinzip)*, vielmehr ist die von Smith geforderte wettbewerbliche Legitimation des *Privateigentums an den Produktionsmitteln* gekoppelt mit der klaren Forderung nach Schaffung und Sicherung einer *Rechtsordnung als Rahmen wettbewerblicher Prozesse.* So hat Smith bereits die Wohlfahrtsverluste von Preisabsprachen und dauerhaften Monopolstellungen klar erkannt und in seinem 1776 erschienenen Hauptwerk kritisiert.

3. Neoklassik: Die von Smith behauptete Harmonie der Interessen hat in der Folgezeit zu dem Versuch geführt, die Bedingungen für die totale Übereinstimmung von Einzel- und Gesamtinteressen herauszuarbeiten. Ergebnis dieser Bemühungen war das *Gleichgewichtsmodell der vollständigen (vollkommenen) Konkurrenz:* Die dynamische Wettbewerbsanalyse der Klassik wird durch eine stark mathematisch orientierte rein statische Betrachtungsweise ersetzt, bei der die klassische Wettbewerbstheorie auf eine Analyse von preistheoretischen Gleichgewichtszuständen reduziert wird. Aus einer Vielzahl (von mehr oder minder unrealistischen) Annahmen über die Marktstruktur und das Marktverhalten werden Schlussfolgerungen im Hinblick auf Gleichgewichtspreise und Gleichgewichtsmengen abgeleitet. Der Wettbewerbsprozess, der zu diesen pareto-optimalen Gleichgewichten führt, wird durch die Dominanz der statischen Betrachtung vernachlässigt.

4. *Die Theorie des unvollkommenen bzw. monopolistischen Wettbewerbs* (Sraffa, Robinson, Chamberlin) hat in den 20er und 30er Jahren des vergangenen Jahrhunderts versucht, die bisher vertretene Dichotomie zwischen reinem Monopol und vollkommener Konkurrenz zu überwinden. Im Mittelpunkt der Bemühungen standen die Berücksichtigung heterogener Güter, das Oligopolproblem und die Ergänzung des Preiswettbewerbs durch Formen des Nichtpreiswettbewerbs (z. B. Werbung).

Das Konzept des unvollkommenen oder monopolistischen Wettbewerbs ist als eine *dritte Kategorie* zwischen den beiden Grenzfällen der vollständigen Konkurrenz und des Monopols zu sehen. Abweichungen von den Bedingungen der vollständigen Konkurrenz werden als *Unvollkommenheitsfaktoren* (Market Imperfections) oder Monopolelemente (Monopolistic Elements) angesehen. Mit dieser erweiterten Analyse beginnt sich die *Erkenntnis* durchzusetzen, dass die vollständige Konkurrenz niemals realisiert werden kann. Gleichwohl blieb diese bis Anfang der 1960er Jahre Leitbild der deutschen Wirtschaftspolitik; Ziel der Wettbewerbspolitik war es, Anzahl und Ausmaß der Marktunvollkommenheiten zu minimieren. Je geringer die Marktunvollkommenheiten (im Sinn einer Abweichung von den Modellbedingungen), desto mehr glaubte man, sich dem wohlfahrtsökonomischen Ideal zu nähern.

5. *Workable bzw. Effective Competition:*

a) Die *Entwicklung zu einer modernen* Wettbewerbstheorie wird eingeleitet durch den Aufsatz von *Clark* „Towards A Concept of Workable Competition" (1940). Mit seiner sogenannten *Gegengiftthese,* wonach auf einem Markt vorhandene Unvollkommenheiten durch das Vorliegen anderer Unvollkommenheiten geheilt werden können, bahnt sich der entscheidende Wandel in der wettbewerbspolitischen Beurteilung von Marktunvollkommenheiten an. So kann z. B. die eine Marktunvollkommenheit einer zu geringen Zahl von Anbietern im Oligopol durch die andere Unvollkommenheit einer beschränkten Markttransparenz oder einer Produktheterogenität im Hinblick auf die Wettbewerbsbedingungen ausgeglichen werden, da die anderen Unvollkommenheiten die preispolitische Interdependenz im Oligopol mindern und damit erfolgreiche Wettbewerbshandlungen möglich werden *(Preismeldestellen – Open Price Systems).*

b) Die *weitere Entwicklung der* Wettbewerbstheorie ist stark durch die *Schumpeterschen Thesen* zur „Konkurrenz der neuen Ware, der neuen Technik, der neuen Versorgungsquelle, des neuen Organisationstyps" sowie durch die industrieökonomische Forschung in den USA beeinflusst worden. In seinem Buch „Competition as a Dynamic Process" (1961) versucht *Clark,* die Schumpetersche Theorie der Innovationen in die allgemeine Wettbewerbstheorie zu integrieren. Danach sind *Pioniergewinne* aufgrund einer temporären Vorzugsstellung sowohl Folge als auch Voraussetzung für den Wettbewerb; sie sollen nicht sofort wieder abgebaut werden, sondern allmählich verschwinden, was für den initiativ handelnden Unternehmer eine reaktionsfreie Zeit voraussetzt, um dem Unternehmen einen Anreiz zur Innovation zu geben.

Die Geschwindigkeit, mit der Vorsprungsgewinne jeglicher Art aufgezehrt werden, kann als Ansatzpunkt für die Bestimmung der *Intensität des Wettbewerbs* benutzt werden. Nach Clark bemisst sich daher die *Funktionsfähigkeit des Wettbewerbs* danach, inwieweit vorgegebene (gesamtwirtschaftliche) Ziele im Sinn sinkender Preise, verbesserter Qualitäten und rationeller Produktionsverfahren realisiert werden.

Zentrales *Problem* der Theorie des wirksamen Wettbewerbs (auch: *funktionsfähiger Wettbewerb, Effective oder Workable Competition*) ist es, die wettbewerbspolitisch wünschenswerten von den unerwünschten Marktunvollkommenheiten zu unterscheiden, um damit zu Konstellationen von Unvollkommenheitsfaktoren zu kommen, die als notwendige und/oder hinreichende Bedingung für die Wirksamkeit des Wettbewerbs anzusehen sind. Wenngleich die Vorstellung des Wettbewerbs als einen dynamischen Prozess im Sinn von Schumpeter mit einer Folge von Vorstoß- und Verfolgungsphasen grundsätzlich allgemein akzeptiert ist, so wird die Frage der Marktunvollkommenheiten als wettbewerbspolitischer Ansatzpunkt sehr unterschiedlich gesehen, was zur Entwicklung unterschiedlicher wettbewerbspolitischer Leitbilder geführt hat.

Wettbewerbsvereinbarungen

1. Abreden unter *Wettbewerbern* zur Festlegung der Grenzen des Wettbewerbs. Nach dem Grundsatz der Vertragsfreiheit zulässig, soweit die Vereinbarung nicht gegen die guten Sitten oder die Vorschriften des Kartellrechts in Deutschland (hier: § 1 GWB) oder gegen Europäisches Kartellrecht (hier: Art. 101 I AEUV) verstößt.

2. Vereinbarungen des Unternehmens mit *Handlungsgehilfen* und entsprechende Vereinbarungen mit Handelsvertretern, Gesellschaften etc.

Wirksamer Wettbewerb

Funktionsfähiger Wettbewerb, Effective Competition, Workable Competition. Der für den Wettbewerbsprozess relevante Markt ist in sachlicher, räumlicher und zeitlicher Hinsicht abzugrenzen *(Marktabgrenzung),* da für den Preisbildungs- und Wettbewerbsprozess der Markt relevant ist, auf dem Wettbewerb stattfindet. Wettbewerbspolitik stützt sich im Allgemeinen auf das von Arndt und Abbott entwickelte *Bedarfsmarktkonzept,* das alle Güter in die Analyse einbezieht, die im Hinblick auf den Verwendungszweck dazu geeignet sind, einen bestimmten Bedarf zu befriedigen.

1. *Formaler Aufbau:* Das Konzept eines wirksamen Wettbewerbs wird in seinem formalen Aufbau durch Merkmale der *Marktstruktur* (Market Structure), des *Marktverhaltens* (Market Conduct oder Behaviour) und des *Marktergebnisses* (Market Result oder Performance) beschrieben. Eine solche Einteilung entspricht auch der Richtung des Kausalprozesses: Structure und Conduct sind die Ursachen, das Marktergebnis ist die Wirkung; allerdings besteht im dynamischen Prozess eine *zirkuläre Verknüpfung* der drei Merkmale, d. h. eine schlechte Performance in Gestalt überhöhter Gewinne beeinflusst z. B. die Marktstruktur durch Anlocken von Newcomern.

a) Unter *Marktstruktur* werden alle Faktoren verstanden, die einen Einfluss auf den Wettbewerb und das Preisverhalten am Markt ausüben und relativ konstant sind (z. B. die Zahl der Anbieter und Nachfrager sowie ihrer Marktanteile, die im Rahmen der relevanten Marktabgrenzung ermittelt werden; der Grad der Produkthomogenität und der Markttransparenz; die Höhe der Marktschranken; die Marktphase und der Unternehmertypus).

b) *Marktverhalten* umfasst all diejenigen Aspekte, die Ausdruck von unternehmerischen Entscheidungen und damit – im Gegensatz zu Marktstrukturfaktoren – kurzfristig veränderbar sind. Im Rahmen des *Marktverhaltenstestes* ist daher zu untersuchen, wie häufig und zu welchen Zeitpunkten die verschiedenen Aktionsparameter (Preise, Rabatte und Konditionen, Menge, Qualität, Service und Werbung) beim Kampf um Marktanteile im Zeitablauf eingesetzt worden sind; entscheidend ist dabei, ob die einzelnen Aktionsparameter zu verschiedenen Zeitpunkten individuell oder kollektiv aufgrund von Gruppendisziplin oder Preis- bzw. Marktführerschaft eingesetzt worden sind.

c) *Marktergebnisse* können mithilfe von quantitativen Größen, die den eingesetzten Wettbewerbsparametern entsprechen, analysiert werden, z. B. die Höhe der Preise und Gewinne, die Qualitäten, den Output, die Produktions- und Verkaufskosten, den technischen Fortschritt. Zum Aufbau des Konzepts vgl. Abbildung „Wirksamer Wettbewerb – Formaler Aufbau des Konzepts".

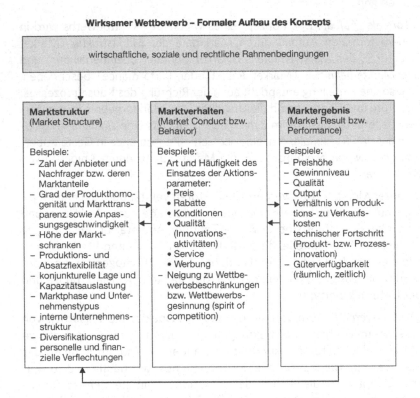

Wirksamer Wettbewerb – Formaler Aufbau des Konzepts

wirtschaftliche, soziale und rechtliche Rahmenbedingungen		
Marktstruktur (Market Structure)	**Marktverhalten** (Market Conduct bzw. Behavior)	**Marktergebnis** (Market Result bzw. Performance)
Beispiele: – Zahl der Anbieter und Nachfrager bzw. deren Marktanteile – Grad der Produkthomogenität und Markttransparenz sowie Anpassungsgeschwindigkeit – Höhe der Marktschranken – Produktions- und Absatzflexibilität – konjunkturelle Lage und Kapazitätsauslastung – Marktphase und Unternehmenstypus – interne Unternehmensstruktur – Diversifikationsgrad – personelle und finanzielle Verflechtungen	Beispiele: – Art und Häufigkeit des Einsatzes der Aktionsparameter: • Preis • Rabatte • Konditionen • Qualität (Innovationsaktivitäten) • Service • Werbung – Neigung zu Wettbewerbsbeschränkungen bzw. Wettbewerbsgesinnung (spirit of competition)	Beispiele: – Preishöhe – Gewinnniveau – Qualität – Output – Verhältnis von Produktions- zu Verkaufskosten – technischer Fortschritt (Produkt- bzw. Prozessinnovation) – Güterverfügbarkeit (räumlich, zeitlich)

Für die Frage, an welche Normen die Wettbewerbspolitik anknüpfen soll, ist der Zusammenhang von Marktstruktur, Marktverhalten und Marktergebnis von großer Bedeutung, worauf bei der Darstellung industrieökonomischer Zusammenhänge eingegangen werden soll.

2. *Inhalt und Funktionsweise des Konzepts eines wirksamen Wettbewerbs:*

a) *Charakterisierung des Wettbewerbsprozesses:* Wettbewerb wird im Sinn eines *dynamischen Prozesses* verstanden, der durch eine *Abfolge von Vorstoß- und Verfolgungsphasen* gekennzeichnet ist, wobei Marktunvollkommenheiten Ergebnis initiativer Wettbewerbshandlungen und zugleich wieder Voraussetzung für imitatorische Wettbewerbshandlungen sind. Ein derartig charakterisierter dynamischer Wettbewerbsprozess ist als *anonymer Kontroll- und Steuerungsmechanismus mit finanziellen Sanktionen* zu verstehen, bei welchem Vorsprungsgewinne jeglicher Art dann aufgezehrt werden, wenn keine unangemessene Marktmacht besteht. Die Intensität des Wettbewerbs ist dabei umso stärker, je schneller die Vorsprungsgewinne aufgezehrt werden. Maßgeblich für das Verständnis des Wettbewerbs als dynamischer Prozess ist der durch den Wettbewerb ausgeübte, von den Beteiligten unkontrollierte Druck auf Preise und Kosten und damit auf die Gewinne, der durch das Gewinn- und Erfolgsstreben der Wirtschaftssubjekte ausgelöst wird. Dieser *Wettbewerbsdruck* führt zu einer tendenziellen Realisierung des vorgegebenen Zielkatalogs à la Kantzenbach, indem er die Wirtschaftssubjekte zu einem ökonomisch-rationalen Verhalten zwingt, welches auf die Verwirklichung der kostengünstigsten Kombination der Produktionsfaktoren (optimale Faktorallokation), auf die flexible Anpassung von Produkten und Produktionskapazitäten an sich ändernde Daten wie z. B. die Produktionstechnologie oder Verbraucherpräferenzen (Anpassungsflexibilität) sowie auf die Entwicklung neuer Produkte und/oder Produktions- und Absatzmethoden (technischer Fortschritt) zielt. Die dabei im Wettbewerbsprozess aufgrund temporärer Vorzugsstellungen entstehenden Pioniergewinne sollen nur allmählich abgebaut werden: So setzt z. B. der technische Fortschritt ein gewisses (Time-)Lag voraus, um die Innovation wirtschaftlich lohnend zu machen.

b) *Tatsächlicher Wettbewerb durch Einsatz verschiedener Aktionsparameter:* Wettbewerb tritt als Preiswettbewerb oder als Nichtpreiswettbewerb mit den Aktionsparametern Qualität, Service oder Werbung auf. Zu dem tatsächlichen Wettbewerb tritt der potenzielle Wettbewerb mit Newcomern, sofern die Marktzutrittsschranken nicht zu hoch sind. Langfristig gewinnt neben dem tatsächlichen und potenziellen Wettbewerb der Substitutionswettbewerb an Bedeutung, der den Unternehmen beim Einsatz ihrer Aktionsparameter gewisse Grenzen setzt. Die Tabelle „Wirksamer Wettbewerb – Übersicht über typische Zusammenhänge zwischen Marktphase und Unternehmertypus, Marktform und Marktzutrittsschranken, Aktionsparametern, Gewinnraten und wettbewerbspolitische Maßnahmen" gibt einen Überblick.

Wirksamer Wettbewerb- Typische Zusammenhänge zwischen Marktphase und Unternehmertypus, Marktform und Marktzutrittsschranken, Aktionsparametern, Gewinnraten und wettbewerbspolitische Maßnahmen

Marktphase und Unternehmertypus	Marktform und Marktzutrittsschranken	Aktionsparameter	Gewinnraten	wettbewerbspolitische Maßnahmen
Experimentierphase und Pionierunternehmer	Monopol eines Innovators mit hohen Marktzutrittsschranken	Produkt- und informative Werbung, Errichten von Marktschranken und limit pricing Service	steigende Gewinnrate	Offenhaltung der Märkte
Expansionsphase und (spontan) imitierender Unternehmer	weites Oligopol oder Polypol mit relativ niedrigen Marktzutrittsschranken	Preis, Produktqualität und informative Werbung, Service	steigende Gewinnrate: Höhepunkt der Gewinnrate	Offenhaltung der Märkte, Fusionskontrolle
Ausreifungsphase und (unter Druck) reagierender Unternehmer	Oligopol mit hohen Marktzutrittsschranken	Preis, (negative) Produktqualität (Obsoleszenz), Service und Werbung	abnehmende Gewinnrate	Kontrolle der Konzentrations- und Behinderungsstrategie
Stagnations- bzw. Rückbildungsphase und immobiler Unternehmer	Enges Oligopol oder Monopol mit hohen Marktzutrittsschranken	Service, Werbung und (negative) Produktqualität (Obsoleszenz)	abnehmende Gewinnrate, evtl. Verluste und Konkurse	Kontrolle der Konzentrations-, Behinderungs- und Verhandlungsstrategie; Preismissbrauchsaufsicht

c) Die *Wirksamkeit der verschiedenen Wettbewerbsformen* hat Zohlnhöfer anhand des durch sie hervorgerufenen Preisdruckes charakterisiert. Danach bewirken unabhängige Anbieter weitgehend homogener Güter den stärksten Preisdruck. Der Substitutions- und in der Regel auch der potenzielle Wettbewerb sind nur sehr langfristig wirksam, wenngleich sie im konkreten Einzelfall die unternehmerische Preispolitik erheblich beschränken können. Insofern kommt diesen beiden Wettbewerbsformen als Determinanten des einen funktionsfähigen Wettbewerb kennzeichnenden Preisdruckes nur zweitrangige Bedeutung zu.

3. *Industrieökonomische Zusammenhänge zwischen der Unternehmensgröße (Konzentration) und wirtschaftlicher Effizienz im weiteren Sinne:* Die Industrial Organization School versucht, die Ursache-Wirkungs-Zusammenhänge im Wettbewerbsprozess empirisch zu analysieren und damit die Frage eventueller Zielkonflikte zwischen der Aufrechterhaltung wirksamen Wettbewerbs, definiert durch eine Kombination von Marktstruktur- und Marktverhaltensnormen, und einer Realisierung der Zielfunktionen zu beantworten. Das Ergebnis der empirischen Untersuchungen zur Frage des Zusammenhanges von Marktstruktur und Marktergebnis geht dahin, dass der individuelle Marktanteil eines Unternehmens die wichtigste Einflussgröße für das Marktergebnis ist; darüber hinaus wirken die Investitionsintensität, die industrielle Wachstumsrate, die Position im Produktlebenszyklus und die Werbeaufwendungen im Verhältnis zur Umsatzrelation auf das Marktergebnis ein.

Dabei übt die Kombination von individuellem Marktanteil und Produktheterogeniät offenbar den entscheidenden Einfluss auf das Marktergebnis aus. Ein derartiger Zielkonflikt wird z. B. im Rahmen der sogenannten Neo-Schumpeter-Hypothesen behauptet, wonach technischer Fortschritt und damit wirtschaftliches Wachstum eine hohe relative und absolute Unternehmenskonzentration voraussetzen. Darüber hinaus können Zielkonflikte in der Aufrechterhaltung einer kompetitiven Marktstruktur und einer Effizienzsteigerung im weiteren Sinne im Hinblick auf die Realisierung von Economies of Scale, Transaction Cost Economies oder Economies of Scope auftreten. Auch im Hinblick auf die Verbesserung der internationalen Wettbewerbsfähigkeit ist ein Zielkonflikt denkbar.

Die *empirischen Untersuchungen,* die besonders in den Vereinigten Staaten, in den letzten Jahren aber auch zunehmend in Westeuropa, vorgenommen worden sind, erlauben jedoch keine *generelle Schlussfolgerung.* Die empirischen Studien zeigen vielmehr, dass derartige Zielkonflikte im Einzelfall bestehen können, aber keinesfalls generell vorliegen. Im Hinblick auf den technischen Fortschritt sind die technologischen Unterschiede von Branche zu Branche zu groß, als dass die Aufstellung genereller Hypothesen möglich wäre.

Das *wettbewerbspolitische Resümee* dieser Untersuchungen ist darin zu sehen, dass grundsätzlich von der Überlegenheit des Marktmechanismus auch im Hinblick auf die Realisierung des technischen Fortschritts und der internationalen Wettbewerbsfähigkeit auszugehen ist; wenn im Einzelfall ein Zielkonflikt seitens der Unternehmen geltend gemacht wird, fällt diesen die Beweislast für das Vorliegen eines solchen Zielkonflikts zu.

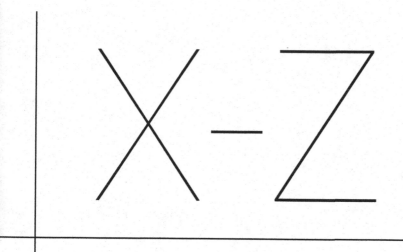

X-Ineffizienz

1. *Allgemein:* Die X-Ineffizienz im Sinne von Leibenstein bezeichnet die nicht allokative Ineffizienz, die durch fehlenden Wettbewerbsdruck und mangelnde Motivation des Managements und der Mitarbeiter eines Unternehmens hervorgerufen wird. Im Rahmen einer Kostenbetrachtung lässt sich für jede beliebige Ausbringungsmenge q die X-Ineffizienz als *Differenz zwischen den tatsächlichen und den mind. anfallenden (Produktions-)Kosten auffassen,* wobei die Auswirkungen auf die durchschnittlichen totalen Kosten (DTK) in Abhängigkeit von der Ursache einer bestimmten XIneffizienz unterschiedlich sind:

(1) So verschiebt sich bei Nachlässigkeit infolge sinkenden Wettbewerbsdruckes oder von Interessengegensätzen zwischen Managern und Kapitaleignern die DTK-Kurve *unabhängig* vom Output nach oben (vgl. Abbildung „X-Ineffizienz (1)").

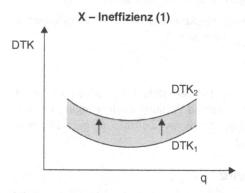

(2) Durch Bürokratisierung infolge absoluter Unternehmensgröße steigt die DTK-Kurve bei L-förmigem Verlauf erst ab einem bestimmten, kritischen Output wieder an (vgl. Abbildung „X-Ineffizienz (2)").

2. *Empirische Relevanz:* Die Diskussion um die sogenannte Lean Production (Lean Management) verdeutlicht die herausragende Bedeutung der *Kostenkontrollfunktion des Wettbewerbs* und die empirische Relevanz der X-Ineffizienz. Bei ihrer Überprüfung haben sich drei Ansätze herausgebildet:

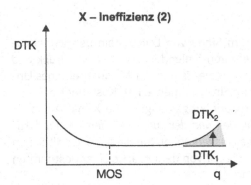

(1) Inwieweit werden durch horizontale Konzentration realisierte Economies of Scale durch X-Ineffizienz kompensiert?

(2) Welche Zusammenhänge bestehen zwischen X-Ineffizienz und den eigentumsrechtlichen Regelungen eines Unternehmens?

(3) Welchen Einfluss hat die Marktstruktur und damit die Wettbewerbsintensität auf das Ausmaß der X-Ineffizienz?

Zollkartell

Besondere Form des Exportkartells, bei dem jedoch wie bei einem Konditionenkartell nur Abreden über einzelne Zahlungsbedingungen, nämlich über die Behandlung der zwischenstaatlichen Zollzahlung getroffen werden (Regelung der Terms of Trade).

Zusammenschlusskontrolle

Fusionskontrolle.

1. *Deutschland:* Nach deutschem Kartellrecht sind Unternehmenszusammenschlüsse, die gemäß § 185 II GWB Inlandsauswirkungen haben, vor dem Vollzug beim Bundeskartellamt (BKartA) anzumelden. Dies gilt, wenn der Gesamtumsatz der Zusammenschlussbeteiligten 500 Mio. Euro übersteigt, mind. ein beteiligtes Unternehmen einen Inlandsumsatz von mehr als 25 Mio. Euro erzielt und ein weiteres beteiligtes Unternehmen einen Inlandsumsatz von mehr 5 Mio. Euro erzielt (§ 35 I GWB). Diese doppelte Inlandsumsatzschwelle wurde im Zuge des „Dritten Ge-

setzes zum Abbau bürokratischer Hemmnisse insbesondere in der mittel-
ständischen Wirtschaft" vom 17.03.2009 eingeführt (BGBl. I 2009,
S. 550). Keine Anmeldepflicht besteht, wenn der Gesamtumsatz des er-
worbenen Unternehmens unter 10 Mio. Euro liegt (unter Zurechnung der
Umsätze des Veräußerers, der selbst kein Unternehmen sein darf; § 35 II
GWB).

Im Rahmen der *formellen Prüfung* untersucht das Bundeskartellamt unter
anderem zunächst die Vollständigkeit der Anmeldung und ob aufgrund
der gegebenen Umsätze sie selbst oder die Europäische Kommission für
die Prüfung des Vorhabens zuständig ist. Im Rahmen der *materiellen Prüfung* werden dann die horizontal und vertikal vom Zusammenschluss betroffenen Märkte ermittelt und nach sachlichen sowie räumlichen Gesichtspunkten abgegrenzt. Im Anschluss daran werden die Marktanteile
der Zusammenschlussbeteiligten ermittelt. Soweit durch den geplanten
Zusammenschluss jedenfalls prima facie eine erhebliche Behinderung
wirksamen Wettbewerbs zu befürchten ist, kann das Bundeskartellamt
das Hauptprüfverfahren einleiten und weitere Marktermittlungen vornehmen (§ 40 I GWB). Die Prüffrist verlängert sich auf diese Weise von einem auf vier Monate. Insoweit ein am Zusammenschluss beteiligtes Unternehmen ein im Hauptprüfverfahren ergangenes Auskunftsersuchen
des Bundeskartellamts nach § 59 GWB aus vom Unternehmen zu ver-
tretenden Umständen nicht rechtzeitig oder nicht vollständig beantwor-
tet, tritt bis zur vollständigen Übermittlung der Auskunft eine Fristhem-
mung ein. Reicht ein anmeldendes Unternehmen zur Abwendung der
Untersagung einen Zusagenvorschlag ein, verlängert sich die Prüffrist um
einen weiteren Monat (§ 40 II GWB). Führt die Prüfung zum Ergebnis,
dass der Zusammenschluss zu einer erheblichen Behinderung wirksamen
Wettbewerbs führte, ist er zu untersagen (§ 36 I GWB). Anderenfalls ist
der Zusammenschluss vom Bundeskartellamt freizugeben. Keine Unter-
sagungsmöglichkeit besteht für Zusammenschlussvorhaben auf solchen
Märkten, auf denen seit mindestens fünf Jahren Waren oder gewerbliche
Leistungen angeboten werden und auf dem im letzten Kalenderjahr weniger als 15 Millionen Euro umgesetzt wurden ("Bagatellmärkte", § 36 I Satz
2 Nr. 2 GWB). Die Freigabe kann mit strukturellen Auflagen und Bedingungen verbunden werden (§ 40 III GWB). Der Vollzug eines anmelde-

pflichigen Zusammenschlusses vor der Freigabe durch das Bundeskartellamt ist grundsätzlich verboten (§ 41 I GWB).

Mögliche Rechtsfolgen eines Verstoßes gegen das Vollzugsverbot sind
die Entflechtung (§ 41 III GWB) sowie die Verhängung eines Bußgeldes (§
81 II Nr. 1 GWB). Im Rahmen eines Ministererlaubnisverfahrens kann sich
der Bundesminister für Wirtschaft und Energie auf Antrag der Zusammenschlussbeteiligten über eine Untersagungsverfügung des Bundeskartellamts hinwegsetzen (§ 42 GWB).

2. *EU*: Auf der Ebene der EU ist die Generaldirektion Wettbewerb der Europäischen Kommission für die Zusammenschlusskontrolle zuständig.
Ihre Befugnisse ergeben sich aus der „Verordnung (EG) Nr. 139/2004 des
Rates über die Kontrolle von Unternehmenszusammenschlüssen"
(EG-Fusionskontrollverordnung, Abkürzung: *FKVO*). Demnach sind Zusammenschlüsse bei der EU-Kommission und nicht bei einer ansonsten
zuständigen nationalen Wettbewerbsbehörde zu notifizieren, wenn die
beteiligten Unternehmen bestimmte vergleichsweise hohe Umsatzschwellen erreichen (Art. 1 FKVO). Der Gesamtumsatz der beteiligten
Unternehmen muss sich dabei zumindest auf 2,5 bzw. 5 Mrd. Euro be-
laufen. Der Anmeldeprozess ist formalisierter als etwa nach deutschem
Wettbewerbsrecht, beispielsweise sind bestimmte Formblätter zu benutzen. Das materielle Beurteilungs- bzw. Untersagungskriterium ist die erhebliche Behinderung wirksamen Wettbewerbs im Gemeinsamen Markt
oder in einem wesentlichen Teil desselben durch den Zusammenschluss
(Art. 2 FKVO). Hierdurch ist die EU-Kommission – wie auch das Bundeskartellamt in dessen Zuständigkeitsbereich seit der Achten GWB-Novelle
vom 1.1.2013 – grundsätzlich dazu in der Lage, Zusammenschlüsse unterhalb der Schwelle der Marktbeherrschung zu untersagen sowie abseits
schematischer Marktanteilsbetrachtungen neuere ökonomische Analy-
seinstrumente einzusetzen. Die EU-Kommission kann Freigaben mit Auflagen und Bedingungen verknüpfen. Zusammenschlüsse, die nach Maß-
gabe der Umsatzstruktur der beteiligten Unternehmen keine
gemeinschaftsweite Bedeutung haben und bei den Wettbewerbsbehörden von mind. drei EU-Mitgliedsstaaten anzumelden wären, können auf
Antrag der Zusammenschlussbeteiligten zur Prüfung an die EU-Kommission verwiesen werden, soweit keine der zuständigen nationalen Wett-

bewerbsbehörden dem widerspricht (Art. 4 V FKVO). Die Initiative kann alternativ von einer oder mehreren Wettbewerbsbehörden selbst ausgehen (Art. 22 FKVO).

Umgekehrt kann die EU-Kommission einen Zusammenschluss in ihrem Zuständigkeitsbereich ganz oder teilweise zur Prüfung an eine nationale Wettbewerbsbehörde verweisen, wenn diese einen entsprechenden begründeten Antrag stellt (Art. 9 II FKVO).

Zwangssyndikat

Zwangskartell; Kartell, das auf Anordnung des Staates (z. B. zur Förderung des Exports japanischer Unternehmen) errichtet werden soll.

Printed in the United States
By Bookmasters

Printed in the United States
By Bookmasters